W0208626

STARK

2023

Zentrale Klausur

Original-Prüfungsaufgaben
mit Lösungen

Gymnasium · Gesamtschule NRW

Deutsch

STARK

© 2022 Stark Verlag GmbH
13. ergänzte Auflage
www.stark-verlag.de

Das Werk und alle seine Bestandteile sind urheberrechtlich geschützt. Jede vollständige oder teilweise Vervielfältigung, Verbreitung und Veröffentlichung bedarf der ausdrücklichen Genehmigung des Verlages. Dies gilt insbesondere für Vervielfältigungen, Mikroverfilmungen sowie die Speicherung und Verarbeitung in elektronischen Systemen.

Inhalt

Übungsaufgaben

Prüfungsaufgabe 2018

Prüfungsaufgabe 2019

(!) Informationen bzw. Übungsaufgaben zur Zentralen Klausur 2023

Prüfungsaufgabe 2022

Sobald die Original-Prüfungsaufgabe 2022 freigegeben ist, können Sie sie als PDF auf der Plattform MyStark herunterladen (Zugangscode vgl. Umschlaginnenseite).

Autorinnen und Autoren: Florian Andelfinger: Übungsaufgabe II • Regina Esser-Palm: Hinweise und Tipps, Übungsaufgaben III und VI, Prüfungsaufgaben 2018 und 2019 • Rainer Koch: Hinweise und Tipps • Eva-Maria Ludescher: Übungsaufgabe I • Guido Schmidt: Übungsaufgaben IV und V

Herausgeber: Rainer Koch

Vorwort

Liebe Schülerinnen und Schüler,

dieser Übungsband wird Sie dabei unterstützen, sich selbstständig optimal auf die schriftliche **Zentrale Klausur** im Fach **Deutsch** am **Ende der Einführungsphase** vorzubereiten.

Das Kapitel „**Hinweise und Tipps**" vermittelt Ihnen die theoretischen Grundlagen zur Zentralen Klausur. Im ersten Teil des Kapitels werden Ihnen die **allgemeinen Bestimmungen** zu dieser Art der Prüfung nähergebracht. Im Anschluss werden Ihnen die Anforderungen der **Aufgabenart I a (Analyse eines literarischen Textes)** vorgestellt, die in der Zentralen Klausur 2023 gilt. Dem **Kapitel „Lyrische Texte"** entnehmen Sie Basisinformationen zur Gedichtanalyse.

Im „praktischen" Teil des Buches können Sie mithilfe von **Übungsaufgaben** trainieren, wie Sie bei der Bearbeitung der Aufgaben vorgehen sollten. Die Aufgaben sind abgestimmt auf den Prüfungsschwerpunkt des Jahres 2023: **Naturlyrik**. Zu jeder der sechs Aufgaben finden Sie einen **ausformulierten Lösungsvorschlag**. Ihm vorgeschaltet sind jeweils **methodische Hinweise**, die Sie am Kursivdruck und dem Randzeichen erkennen. Die erste Übungsaufgabe zeigt exemplarisch auf, wie Sie **Schritt für Schritt** bei der Erschließung eines Gedichts vorgehen können.

In diesem Buch finden Sie auch **Erläuterungen zu anderen Aufgabenarten** (Analyse von Sachtexten und materialgestütztes Schreiben) **und Inhaltsfeldern** (Sprache, Kommunikation, Medien) inklusive entsprechender Übungsaufgaben im Stil der Zentralen Klausur. Auf diese können Sie zur Vertiefung der im Unterricht besprochenen Inhalte oder zur Vorbereitung auf andere Klausuren im Fach Deutsch zurückgreifen. Das **Symbol** führt Sie direkt zu den Inhalten, die sich auf die **Vorgaben zur Zentralen Klausur 2023** beziehen.

Den Abschluss des vorliegenden Bandes bilden die **offiziellen Prüfungsaufgaben der Jahre 2018, 2019 (print) und 2022 (digital auf MyStark)**. Den Link zur Onlineplattform *MyStark* finden Sie auf der Umschlaginnenseite. Betrachten Sie diese Lösungen als Vorschläge, an denen Sie sich orientieren können. Sie sind teilweise umfassender formuliert, als Sie es selber in der Kürze der Prüfungszeit leisten können.

Falls nach Erscheinen dieses Bandes noch wichtige Änderungen bezüglich der Zentralen Klausur vom Schulministerium NRW bekannt gegeben werden, finden Sie aktuelle Informationen dazu im Internet unter:
www.stark-verlag.de/mystark

Autorenteam, Herausgeber und Verlag wünschen Ihnen viel Erfolg in der Prüfung!

HINWEISE UND TIPPS

Hinweise und Tipps zur Vorbereitung auf die Prüfung

Allgemeines

1 Vorbemerkungen

Gegen Ende der Einführungsphase der gymnasialen Oberstufe (in den Gymnasien mit G 9 und in den Gesamtschulen Jahrgang 11) nehmen alle Schülerinnen und Schüler an zwei **zentral gestellten Klausuren** mit landeseinheitlichen Aufgaben teil, und zwar in **Deutsch** und **Mathematik**. Diese Klausuren erlauben Ihnen eine Einschätzung hinsichtlich erworbener Kenntnisse und Fähigkeiten mit Blick auf die Anforderungen in der Qualifikationsphase.

Im Folgenden werden Ihnen die Bestimmungen für die Zentrale Klausur Deutsch ausführlich erläutert. Weitere Informationen finden Sie außerdem auf der Internetseite des Schulministeriums: *http://www.standardsicherung.schulministerium.nrw.de/cms/zur-uebersicht/zentrale-klausuren-s-ii*[1]

2 Die Zentrale Klausur im Fach Deutsch

2.1 Rahmenbedingungen

Die Zentrale Klausur im Fach Deutsch dauert **100 Minuten** und wird **ab der ersten Unterrichtsstunde** geschrieben. Es gibt **keine Möglichkeit der Aufgabenauswahl**, sondern die gestellte Klausur muss bearbeitet werden. Teilen Sie sich die Vorbereitungszeit auf die Prüfung genau ein, denn die Termine für die Klausuren in den Fächern Deutsch und Mathematik liegen eng beieinander. Sollten Sie am Klausurtag erkrankt sein, gibt es auch einen **Nachschreibetermin**.

Die Bewertung der Klausur ist anhand eines Bewertungsrasters vorgegeben. Die Korrektur erfolgt durch Ihre Fachlehrerin oder Ihren Fachlehrer, eine Zweitkorrektur ist nicht vorgesehen. Für die **Benotung** gilt, dass die Zentrale Klausur eine der

1 Die rechtliche Grundlage regelt die Ausbildungs- und Prüfungsordnung Gymnasiale Oberstufe (APO GOSt) (BASS 13–32 Nr. 3.1B/3.2B – „Bereinigte Amtliche Sammlung der Schulvorschriften").

beiden Klausuren des zweiten Halbjahres darstellt, somit also grundsätzlich die Hälfte der schriftlichen Leistungsnote des zweiten Halbjahres ausmacht.[2]

2.2 Inhaltliche Vorgaben

Die Zentrale Klausur entspricht in Bezug auf ihre Bedingungen den Klausuren, die Sie aus der Einführungsphase kennen. Der Unterschied besteht darin, dass diese Klausur **zentral gestellt** wird. Das Schulministerium hat die **fachlichen Rahmenbedingungen** für die Klausur zum Schuljahresbeginn festgelegt und veröffentlicht, damit sich alle Schüler und Schülerinnen in NRW hierauf konkret vorbereiten können. In Anlehnung an den Kernlehrplan Deutsch Sek. II lauten sie für die Zentrale Klausur 2023:

Inhaltliche Vorgaben 2023 für die ZKE Deutsch	
Aufgabenart I a:	Analyse eines literarischen Textes (ggf. mit weiterführendem Schreibauftrag)
Inhaltsfeld 2:	Texte
Inhaltlicher Schwerpunkt:	lyrische Texte in einem thematischen Zusammenhang (Naturlyrik)

Sie finden in diesem Buch sowohl Erläuterungen zur **Aufgabenart I a (S. 5 f.)** als auch zum **inhaltlichen Schwerpunkt (S. 38 ff.)**. Mithilfe der **Übungsaufgaben I, II und III** können Sie die erworbenen Kenntnisse einem Praxistest unterziehen.

Folgende **Kompetenzen** aus dem Bereich **Rezeption** werden von Ihnen verlangt:

- Den Zusammenhang von Teilaspekten und dem Textganzen zur Sicherung des inhaltlichen Zusammenhangs herausarbeiten,
- lyrische Texte unter Berücksichtigung grundlegender Strukturmerkmale analysieren und dabei eine in sich schlüssige Deutung entwickeln,
- Texte im Hinblick auf das Verhältnis von Inhalt, Ausgestaltung und Wirkung beurteilen,
- aus Aufgabenstellungen angemessene Leseziele ableiten und diese für die Textrezeption nutzen.

Aus dem Bereich **Produktion** sind dies folgende Kompetenzen:

- In schriftlichen Analysetexten beschreibende, deutende und wertende Aussagen unterscheiden,
- Analyseergebnisse durch angemessene und formal korrekte Textbelege absichern.

2 Das bedeutet nicht, dass die Lehrkraft eine 50/50-Bewertung der beiden Klausuren vornehmen muss. Pädagogische Bewertungsaspekte können hier berücksichtigt werden, so z. B. der individuelle Lernfortschritt.

Sie müssen also in der Lage sein, ein eigenständiges Textverständnis für die Leserinnen und Leser nachvollziehbar darzustellen, beschreibende und deutende Elemente miteinander zu verknüpfen und hierbei Unterrichtswissen einfließen zu lassen.

3 Bewertung

Bei Ihrer Klausur wird zum einen die **inhaltliche Leistung**, das „Was", und zum anderen die **Darstellungsleistung**, das „Wie", also die sprachliche und methodische Gestaltung Ihres Textes, bewertet. 75 % der Gesamtpunktzahl, d. h. 45 Punkte, entfallen auf die Inhaltsleistung, die restlichen 25 %, also 15 Punkte, auf die Darstellungsleistung.

Die Anforderungen an die Darstellungsleistung

	Sie …
1	strukturieren Ihren Text folgerichtig, gedanklich klar und mit Bezug zur Aufgabenstellung. Sie beginnen mit einem Einleitungssatz, interpretieren bzw. analysieren das Gedicht unter Beachtung der vorgegebenen Hauptaspekte und formulieren abschließend einen passenden Schluss.
2	formulieren fachsprachlich und fachmethodisch angemessen. Das bedeutet, Sie … • verbinden schlüssig die einzelnen Arbeitsschritte und Sätze miteinander, • wählen eine sinnvolle Aufteilung zwischen beschreibenden und deutenden Textpassagen, • achten auf die Wahl des jeweils richtigen Tempus, • kennzeichnen Fremdaussagen durch den Konjunktiv.
3	geben Zitate korrekt wieder: einzelne Wörter, Wortgruppen oder ganze Verse.
4	formulieren Ihren Aufsatz in eigenen Worten, allgemeinsprachlich präzise und stilistisch angemessen. Dabei verwenden Sie die passende Stilebene, d. h., Ihre Darstellung ist sachlich und objektiv und weist keine Elemente der Umgangs- oder gesprochenen Sprache auf.
5	schreiben sprachlich richtig und formal korrekt. Die Beherrschung von Rechtschreibung, Zeichensetzung und Grammatik wird hoch bewertet: Mehr als die Hälfte der Punkte der Darstellungsleistung können Sie hier erzielen oder verpassen, das entspricht im Extremfall einer ganzen Notenstufe.

Bezug: https://www.standardsicherung.schulministerium.nrw.de/cms/upload/abitur-gost/faecher/Beurteilung_sprachliche_Richtigkeit.pdf

So werden in der Zentralen Klausur die von Ihnen insgesamt erreichten Punkte den jeweiligen Notenstufen zugeordnet:

erreichte Punktzahl	**Leistungsnoten**
60–52	sehr gut
51–43	gut
42–34	befriedigend
33–25	ausreichend
24–13	mangelhaft
12–0	ungenügend

4 Tipps für den Tag der Klausur

Wie teile ich mir die Zeit in der Prüfung ein? Zeit ist immer ein wichtiger Prüfungsfaktor. Es hilft nichts, wenn Sie noch viele gute Gedanken parat haben, aber die Arbeitszeit abgelaufen ist. Sie sollten sich also die Zeit einteilen und in der Klausur Ihren Zeitplan im Kopf haben. Im Folgenden finden Sie ein mögliches Raster, das Sie an Ihre persönlichen Voraussetzungen anpassen müssen – je nachdem, ob Sie ein schneller oder langsamer Leser bzw. Schreiber sind.

Zeit (exemplarisch)	**Dauer**	**Tätigkeit**
8.00 Uhr		Austeilen der Klausur
8.00–8.15 Uhr	15 Min.	mehrmaliges gründliches Lesen des Textes und der Aufgabenstellung mit Markierungen im Text und Stichwörtern am Rand
8.15–9.25 Uhr	70 Min.	Bearbeitung der Aufgabe
bei zweiteiliger Aufgabenstellung so verteilt:		
8.15–9.05 Uhr	50 Min.	Bearbeitung der 1. Aufgabe
9.05–9.25 Uhr	20 Min.	Bearbeitung der 2. Aufgabe
9.25–9.40 Uhr	15 Min.	Kontrolle, ob Sie alle in der Aufgabenstellung genannten Fokussierungen abgearbeitet haben; Überprüfung auf Fehler
9.40 Uhr	(Summe: 100 Min.)	Abgabe der Klausur

Was sollte ich vor der Abgabe beachten? Die letzten 15 Minuten nutzen Sie für die **Überprüfung** des Geschriebenen. Am besten lesen Sie Ihren Text in zwei Durchgängen Korrektur: Beim ersten Durchgang achten Sie besonders auf den Textinhalt. Ist er klar und verständlich formuliert, habe ich Fachbegriffe richtig verwendet, Verknüpfungen eingearbeitet und Belegstellen (Zitate) eingebracht? Lesen Sie auch noch einmal die Aufgabenstellung und haken Sie ab, ob Sie alle Fokussierungen berücksichtigt und keine vergessen haben. Im zweiten Durchgang achten Sie auf Rechtschreibung, Zeichensetzung und Grammatik und verbessern Fehler, die Sie finden.

Die Aufgabenarten

1 Analyse literarischer Texte (Aufgabenart I a)

1.1 Gegenstand und Zielsetzung

Die Aufgabenart I a fordert die „**Analyse eines literarischen Textes (ggf. mit weiterführendem Schreibauftrag)**". Zu Ihrer Vorbereitung auf die Zentrale Klausur gehört also neben den fachlichen Kenntnissen auch der Erwerb der **methodischen Sicherheit**. Sie müssen wissen, welche Arbeitsschritte erforderlich sind, um eine schriftliche Analyse zu erstellen.

Einen Text zu analysieren, stellt einen anspruchsvollen und komplexen Schreibakt dar, der aber lern- und trainierbar ist. Der Begriff „Analyse" meint die **systematische Untersuchung eines Textes hinsichtlich all seiner Aspekte**. Sie sollen die inhaltliche, formale und sprachliche Gestaltung des Textes herausarbeiten, um zu einer schlüssigen Gesamtdeutung zu gelangen. In Nordrhein-Westfalen werden in Klausuren sogenannte „**fokussierte**" **Aufgabenstellungen** verwendet. Dies bedeutet, dass Sie bei der Bearbeitung den Fokus, also den Schwerpunkt, auf **vorgegebene Aspekte** legen sollen. Diese sind als Strukturierungs- und Deutungshilfe gedacht, um eine vertiefende Auseinandersetzung mit zentralen Gesichtspunkten zu ermöglichen. Halten Sie sich genau an diese **Fokussierungen**, ansonsten verschenken Sie wertvolle Punkte.

Die Aufgabenart I a kann einen **weiterführenden Schreibauftrag** aufweisen, **muss dies aber nicht unbedingt**. Das bedeutet, dass es entweder eine einzige Aufgabenstellung mit Fokussierungen geben kann oder auch eine zweiteilige, bei der in der zweiten Aufgabe ein Auftrag erledigt werden muss. Dieser schließt sich inhaltlich an die Textvorlage und Ihre Analyse an, setzt zudem noch einen weiteren Bearbeitungsschwerpunkt.

Als weiterführende Aufgabe ist z. B. denkbar, dass Sie Epochen- oder Gattungsmerkmale am Text nachweisen und erklären sollen. Man könnte Sie auch mit einem (wertenden) Zitat zum Gedicht konfrontieren, zu dem Sie begründet Stellung beziehen sollen.

1.2 Anforderungen der Aufgabenart

Erforderliche Kompetenzen

Um die Aufgabe, die Ihnen zu einem literarischen Text gestellt wird, erfolgreich zu bewältigen, müssen Sie verschiedene Kompetenzen beherrschen. Zum einen müssen Sie in der Lage sein, den in der Klausur vorgelegten Text zu verstehen und zu deuten. Zum anderen kommt es darauf an, eine schriftliche Textanalyse abzufassen und dabei Ihre Ergebnisse so zusammenzuführen, dass ein in sich stimmiger und sprachlich ansprechender Aufsatz entsteht. Um das zu erreichen, ist es u. a. erforderlich, dass Sie richtig zitieren können. Den Wortlaut der einzelnen Kompetenzen, die im Kernlehrplan für das Fach Deutsch in den Bereichen „Rezeption" und „Produktion" festgehalten sind, entnehmen Sie den Informationen auf Seite 2.

Strukturierung des Aufsatzes

Von Ihnen wird bei der **Analyse eines literarischen Textes** zunächst eine **Einleitung** erwartet, in der Titel, Textsorte, Verfasser/Verfasserin, Entstehungs- bzw. Erscheinungsjahr und Thema des Textes aufgeführt werden. Hier können Sie auch bereits einen ersten Deutungsansatz einfließen lassen.

Nun folgt der **Hauptteil**. Hier gilt es, den Inhalt des Textes sehr kurz und knapp wiederzugeben. Anschließend beginnt der eigentliche Deutungsteil. In der Zentralen Klausur werden Ihnen in der Regel durch die Aufgabenstellung die **wichtigsten Analyse-Aspekte** in Form von Fokussierungen vorgegeben.

Ein **Schlusssatz**, der z. B. ein Resümee Ihrer Deutung enthält, sollte Ihre Analyse abrunden.

Bitte beachten Sie Folgendes: Ausführliche Hinweise zur Analyse von lyrischen Texten und weiterführende Informationen zu dieser Textgattung finden Sie im entsprechenden Kapitel über das Inhaltsfeld 2 (**Kap. „Lyrische Texte"**, s. S. 38 ff.).

2 Analyse eines Sachtextes (Aufgabentyp II a)

2.1 Gegenstand und Zielsetzung

Bei Aufgabenart IIa ist die **„Analyse eines Sachtextes (ggf. mit weiterführendem Schreibauftrag)“** gefordert. Zum einen benötigen Sie hierfür Sicherheit in Bezug auf die methodischen Schritte der Analyse. Zum anderen ist es hilfreich, wenn Sie sich grundlegende Sachkenntnisse zu dem Bereich, der den inhaltlichen Schwerpunkt bildet, angeeignet haben. Das erleichtert unter Umständen nicht nur das Verständnis des gegebenen Textes. Es kann auch von Ihnen verlangt werden, Aussagen des Textes in Beziehung zu setzen mit den Kenntnissen, die Sie im Unterricht erworben haben.

Sachtexte weisen ebenso wie literarische Texte ein breites Spektrum hinsichtlich ihrer sprachlichen Gestaltung sowie ihrer inhaltlichen und formalen Konzeption auf. Wenn Sie sich gängige Analyseschritte aneignen, sind Sie aber bestens gerüstet für die Bewältigung dieser Aufgabe. Dabei kommt es darauf an, den **Text hinsichtlich all seiner Aspekte (Inhalt, Form/Aufbau, Sprache) zu untersuchen**. Die **Fokussierungen**, also vorgegebene Schwerpunkte bei der Analyse, helfen Ihnen, die richtigen Akzente bei der Auseinandersetzung mit dem jeweiligen Sachtext zu setzen. Beachten Sie die zentralen Aspekte, auf die Sie entsprechend der Aufgabenstellung ein besonderes Augenmerk legen sollen. Andernfalls lassen Sie sich wertvolle Punkte entgehen.

Es ist möglich, dass mit der Aufgabe auch ein **weiterführender Schreibauftrag** verbunden ist. Dies **muss** jedoch **nicht der Fall sein**. Daher kann es eine einzige Aufgabenstellung mit Fokussierungen geben oder aber die Aufgabe ist zweiteilig angelegt, wobei im zweiten Teil ein weiterer Auftrag erledigt werden muss. Dieser geht über die Analyse der Textvorlage hinaus und zielt darauf ab, dass Sie selbstständig Bezüge zwischen den Inhalten des Ausgangstextes und eigenen Kenntnissen herstellen und ggf. Stellung beziehen.

Aus den zweiteiligen Aufgabenstellungen der vergangenen Jahre kann man folgende Aufteilung ableiten:

- Der erste Teil der Aufgabenstellung bezieht sich auf die Analyse des Ihnen vorliegenden Sachtextes. Häufig wird dabei ein Analyse-Schwerpunkt vorgegeben, wie z. B. die Wiedergabe der Hauptaussage und die Erschließung der Argumentationsweise. Der ersten Teilaufgabe werden ca. **2/3 der möglichen Punkte der Inhaltsleistung** (30 Punkte) zugeordnet, weshalb das Hauptgewicht Ihrer Arbeit auf dieser ersten Teilaufgabe liegen sollte.
- Der zweite Teil der Aufgabenstellung, der „weiterführende Schreibauftrag“, verknüpft im Unterricht erworbene Kenntnisse mit dem vorgegebenen Sachtext. Wissen, z. B. zum Thema „Medien“, wird auf die Aussagen des Textes

und auf die Erkenntnisse der Analyse angewendet. Für diesen Teil gibt es **ca. 1/3 der möglichen Punkte der Inhaltsleistung** (15 Punkte).

2.2 Anforderungen der Aufgabenart

Sie müssen verschiedene Kompetenzen besitzen, um die Aufgaben, die Ihnen zu Sachtexten gestellt werden, erfolgreich zu bewältigen. Hierbei müssen Sie sowohl Kompetenzen der Textrezeption als auch solche der Textproduktion anwenden. Erste Voraussetzung ist, dass Sie die vorgelegten Sachtexte richtig verstehen. Zudem sollen Sie in der Lage sein, eine schriftliche Textanalyse zu erstellen und Ihre Teilergebnisse so zusammenzuführen, dass ein in sich stimmiger und sprachlich ansprechender Aufsatz entsteht. Welche weiteren Anforderungen Sie bei der Beschäftigung mit Sachtexten erfüllen müssen, wird im Kernlehrplan Deutsch Sekundarstufe II detailliert dargestellt.

Im Bereich der „**Rezeption/Textverständnis**" werden folgende Kompetenzen angeführt:

- Sachtexte in ihrer Abhängigkeit von Situation, Adressat und Textfunktion unterscheiden,
- komplexe kontinuierliche und diskontinuierliche Sachtexte mithilfe textimmanenter Aspekte und textübergreifender Informationen analysieren,
- den Zusammenhang von Teilaspekten und dem Textganzen zur Sicherung des inhaltlichen Zusammenhangs herausarbeiten […].

Zum Bereich der „Textproduktion" werden folgende Kompetenzen genannt:

- in […] schriftlichen Analysetexten beschreibende, deutende und wertende Aussagen unterscheiden,
- Analyseergebnisse durch angemessene und formal korrekte Textbelege (Zitate, Verweise, Textparaphrasen) absichern,
- Texte unter Berücksichtigung […] des Adressaten und der Funktion gestalten. (vgl. KLP S. 21 f.)

Strukturierung des Aufsatzes

Der erste Satz Ihrer Analyse muss der **Einleitungssatz** mit Titel, Textsorte, Name des Verfassers/der Verfasserin sowie Jahr und Ort der Veröffentlichung sein. Die **Quellenangaben**, die unter dem Text angegeben sind, liefern Ihnen Entstehungszeit und -ort und unter Umständen auch Hinweise auf die Textsorte. Zur Einleitung gehört auch, das Thema des Textes zu nennen.

Im **Hauptteil** bearbeiten Sie die in der Aufgabenstellung **geforderten Aspekte**. Hier ist es wichtig, dass Sie Ihre Deutungen mit **Textbelegen** unterstützen. Falls Sie nur auf eine Textstelle hinweisen oder deren Inhalt mit eigenen Worten wiedergeben, so schreiben Sie „vgl. Z. 4–8". Erscheint Ihnen die Stelle sehr wichtig, dann sollten Sie sie wortwörtlich zitieren, also nichts verändern! Auslassungen im

Zitat machen Sie durch Auslassungsklammern [...] deutlich; anschließend nennen Sie die zugehörige Zeilenangabe (z. B.: „Z. 1–3"). Achten Sie beim Schreiben auch auf **Verknüpfungen**. Das können Wörter sein, die Abschnitte miteinander verbinden (z. B. „im Folgenden/anschließend/danach/des Weiteren wendet sich der Autor/die Autorin dem Thema ... zu"), oder Konjunktionen, die Sätze verknüpfen (weil, denn, nachdem, obwohl etc.). So vermeiden Sie einerseits einen stilistisch unschönen parataktischen Satzbau (Hauptsatz – Hauptsatz), andererseits zeigen diese Verknüpfungen auch gedankliche Verbindungen auf.

Bei zweiteiliger Aufgabenstellung: Erst wenn Sie alle in Aufgabe 1 geforderten Aspekte bearbeitet haben, konzentrieren Sie sich auf die zweite Teilaufgabe. Diese beginnt eventuell mit einer Wiedergabe Ihres Wissens, z. B. zu einem Kommunikationsmodell. Im nächsten Schritt wenden Sie dieses auf den Text an. Auch hier sind wiederum Textbelege und Verknüpfungen sehr wichtig, z. B. durch kausale Konjunktionen und Adverbien (Sie begründen ja, warum sich das Modell anwenden lässt). Sollte in der Aufgabenstellung auch Ihre Bewertung gefragt sein (z. B. mit der Formulierung „Beurteilen Sie"), dann sollten Sie Ausdrücke verwenden, die Ihre eigene Einschätzung deutlich machen, z. B. „ich bin der Meinung, dass ...". Insgesamt dürfen Ihre Ausführungen zu dieser Aufgabe deutlich kürzer ausfallen als die zur ersten.

3 Materialgestütztes Schreiben (Aufgabentyp IV)

3.1 Zielsetzung und Anforderungen

Das materialgestützte Schreiben ist ein komplexer Vorgang, der ein zielgerichtetes und strukturiertes Vorgehen voraussetzt.

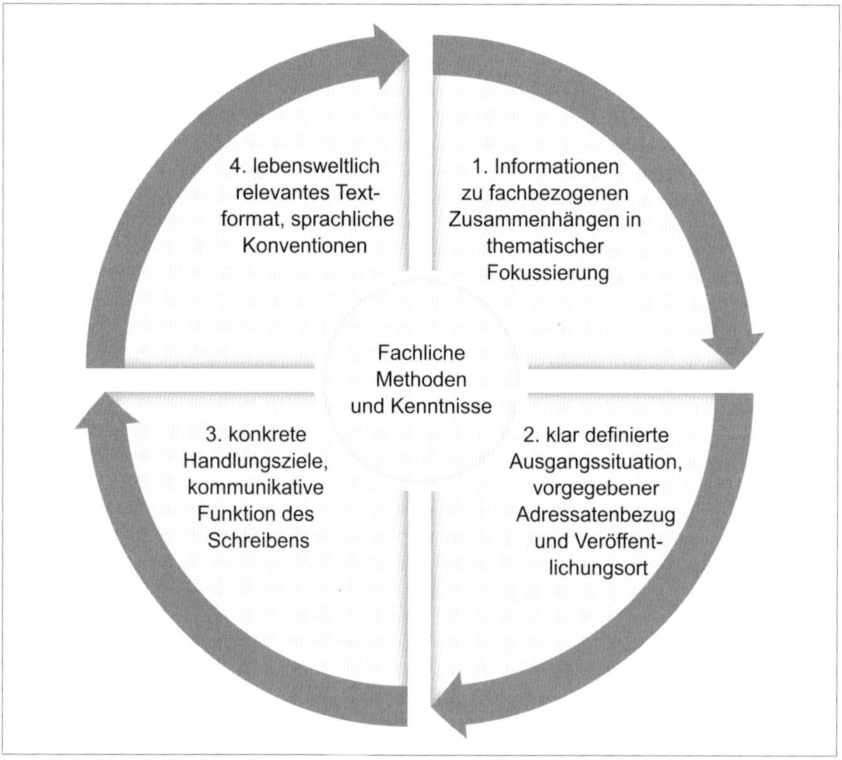

Quelle: Orientierungspunkte des Schreibauftrages (GOSt Deutsch NRW), https://www.schulentwicklung.nrw.de/lehrplaene/upload/klp_SII/Aufgabenart_VI_-_Materialgestuetztes_Schreiben.pdf

Ziel dieser Aufgabenart ist es, **Leserinnen und Leser einer bestimmten Adressatengruppe** über einen Sachverhalt so **zu informieren**, dass sie wesentliche Aspekte erfassen können. Durch **Informationsentnahme aus vorgegebenen Materialien** und angereichert durch eigenes Wissen wird die Grundlage für die angestrebte Informationsübermittlung geschaffen. Diese erfolgt im Rahmen einer simulierten Kommunikationssituation, die durch die Aufgabenstellung vorgegeben wird. (Bsp.: Es soll ein Leserbeitrag für eine Zeitung geschrieben oder der Text für ein Plakat entworfen werden.) Solche informierenden Texte beinhalten

sowohl reine Aussagen zum Sachgegenstand bzw. zum Thema als auch erläuternde Abschnitte, die das richtige und vollständige Verständnis aufseiten der Adressaten ermöglichen sollen.
Folgende Kompetenzen werden beim Verfassen eines informierenden Textes gefordert:

- relevante Informationen der Texte des Materialpools erfassen (Textrezeption),
- Textaussagen umformulieren und mit eigenem Wissen verknüpfen (Schreibprozess anlassbezogen planen),
- ein durch die Aufgabenstellung vorgegebenes Schreibziel realisieren (zielgerichtete, formal sichere und stilistisch angemessene Textproduktion).

3.2 Der Materialpool als inhaltliche Grundlage der Erörterung

Die Aufgabenart IV weist meistens einen fünf- oder sechsteiligen Materialpool auf, in dem kontinuierliche und diskontinuierliche Texte enthalten sind. Ihre Aufgabe in der Klausur besteht darin, aus diesen unterschiedlichen Texten die zum Thema passenden Informationen herauszulesen.

Auswerten kontinuierlicher Texte

„**Kontinuierliche**" Texte sind fortlaufend geschrieben, sie enthalten keine anderen Merkmale und Zeichen als die des Alphabets und der Zeichensetzung. Grundsätzlich können Sie in den Materialpools dieses Aufgabentyps sowohl Sachtexte vorfinden als auch literarische. Aufgrund ihres größeren Aussagegehaltes bezüglich des von Ihnen zu bearbeitenden Sachthemas überwiegen dabei zahlenmäßig die Sachtexte.

Sie werden in Ihren Materialpools ganz unterschiedliche Textarten vorfinden. Um welche es sich handelt, können Sie mithilfe folgender Fragen schnell herausfinden:

- Handelt es sich um einen rein informierenden Text, z. B. einen Bericht oder einen wissenschaftlichen Aufsatz?
- Ist es ein wertender/beurteilender Text, der ggf. auch Gegenpositionen enthält, z. B. ein Kommentar oder ein Essay?
- Liegt ein appellativer Text vor, der die Leser zu etwas auffordert, z. B. eine Rede oder ein Plakattext?
- Übertreibt der Verfasser/die Verfasserin, will er bzw. sie provozieren, z. B. in Form einer Satire oder einer Glosse?

Weitere Fragen an kontinuierliche Texte:

- Was ist das Hauptthema? Gibt es evtl. Unterthemen?
- An wen richtet sich der Text?
- Welche Aussageabsicht wird mit dem Text verfolgt?
- Von wem ist der Text verfasst worden?

- Was besagen die Angaben zum Verfasser/zur Verfasserin und zur Quelle über die Glaubwürdigkeit und Richtigkeit der Aussagen im Text?
- Welche Informationen werde ich für meinen eigenen Text verwenden?

Auswerten diskontinuierlicher Texte

Bei diskontinuierlichen (nichtlinearen) Texten handelt es sich nicht um Fließtexte, in denen Sätze lückenlos aufeinander folgen – daher der Begriff „diskontinuierlich“ (= unterbrochen, stückweise). Vielmehr bestehen diese Texte aus Kombinationen aus bildlichen, grafischen und/oder tabellarischen mit sprachlichen Elementen. Hierzu zählen z. B. Formulare, Tabellen, Listen, Grafiken, Diagramme, Fotos oder Karikaturen.

Ihre Aufgabe besteht darin, die verbalen und nonverbalen Teilaussagen zu erfassen und ggf. für Ihren eigenen Text zu verwenden.

Grundsätzliche Fragen an diskontinuierliche Texte:
- Gibt die Überschrift bereits erste Hinweise auf das dargestellte Thema?
- Welcher Zeitpunkt bzw. Zeitraum wird abgebildet?
- Von wem ist der Text verfasst bzw. herausgegeben worden?
- Aus welcher Quelle stammt die Information?
- Besagen Quelle und/oder Verfasser bereits etwas über die Glaubwürdigkeit und Richtigkeit der Aussage?

Spezifische Fragen an einzelne diskontinuierliche Texte

Daneben erfordern einzelne diskontinuierliche Texttypen bestimmte Zusatzmethoden der Auswertung. Die hierfür notwendigen Kompetenzen haben Sie in anderen unterrichtlichen Zusammenhängen und anderen Fächern bereits erworben, hier einige wesentliche Erschließungsfragen zur Wiederholung:

Auswerten von Tabellen

Sind diese Wörter tabu? (Beispiel) Und was die Deutschen wirklich sagen				
	Verwende ich selbst	Verwende ich nicht, stört mich nicht	Ärgerlich, abstoßend	Unentschieden, keine Angabe
Fräulein	47	44	7	2
Zigeuner	40	41	17	1
Neger	32	31	36	1
Schlampe	28	30	41	1
Krüppel	16	27	55	2

Zahlen nach: Denise Ohms/FUNKE Foto Services

Zur Auswertung von Tabellen sollten Sie sich folgende Fragen stellen:

- Um welche Größeneinheiten/um welchen Maßstab handelt es sich (absolute Zahlen, Prozentzahlen, Indexwerte)?
- Wann/wo liegen jeweils Maximum und Minimum vor?
- Gibt es Korrelationen zwischen einzelnen oder mehreren Zahlen/Zahlenreihen?
- Welches Fazit kann man bezogen auf die Materialüberschrift formulieren?

Auswerten von Diagrammen

Zu den Diagrammformen gehören u. a. Balken-, Säulen-, Kurven-, Kreis- und Tortendiagramme.

Bedeutung der Schreibschrift für die jüngere Generation (Beispiel)

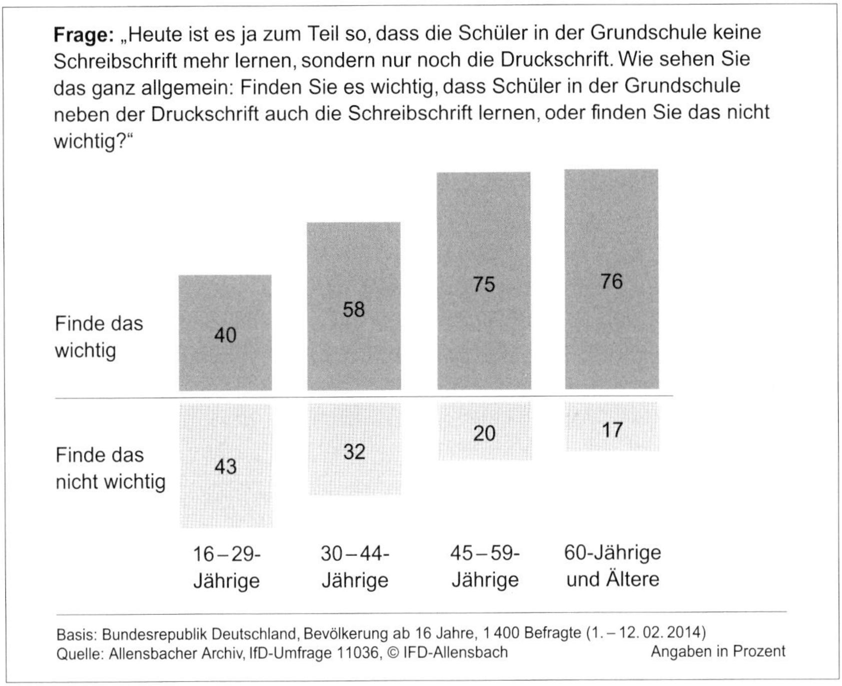

Plädoyer für die Schreibschrift. Allensbacher Kurzbericht vom 12. 03. 2015, Statistik nach: http://www.ifd-allensbach.de/uploads/tx_reportsndocs/KB_2015_02.pdf

Zur Auswertung von Diagrammen sollten Sie sich folgende Fragen stellen:

- Um welche Größeneinheiten/um welchen Maßstab handelt es sich (absolute Zahlen, Prozentzahlen, Indexwerte)?

- Erfolgt die Einteilung der x- und y-Achse gleichmäßig oder wird durch eine unregelmäßige Achseneinteilung eine bestimmte optische Wirkung erzeugt?
- Gibt es Angaben zum Urheber einer Statistik?
- Sind Extremwerte zu verzeichnen und wie lassen sich diese deuten?
- Welches Fazit kann man bezogen auf die Materialüberschrift formulieren?

Auswerten von Karikaturen

Karikaturen sind eine bildliche Form der Kritik; diese bezieht sich oft auf bestehende Werte und dient als „Waffe" bei aktuellen gesellschaftlichen Auseinandersetzungen. Der Karikaturist übertreibt und spitzt zu, um die Betrachter der Karikatur zum Nachdenken zu bewegen.

- Restdeutsche Impressionen -

© Friedrich Retkowski, Hameln

Folgende Fragen sind bei der Auswertung einer Karikatur hilfreich:

- Was ist der Hauptgegenstand der Karikatur?
- Gibt die Überschrift Hinweise auf die Thematik?
- Was ist – für eine Karikatur typisch – übertrieben dargestellt?
- Welche zeichnerischen Mittel setzt der Karikaturist ein?
- Welche verbalen und nonverbalen Elemente enthält die Karikatur?
- Welche Kritik verbirgt sich hinter der karikaturhaften Darstellung?

3.3 Arbeitsschritte beim materialgestützten Schreiben

Aufgabenstellung erfassen

Eine zielführende, aufgabenbezogene Sichtung der Texte im Materialpool ist Ihnen nur dann möglich, wenn Sie sich vorab bewusst machen, was von Ihnen bei der Produktion Ihres eigenen Textes verlangt wird. Nur dann sind Sie zu Folgendem in der Lage:

- Wichtiges von Unwichtigem zu trennen,
- die Materialien in der gebotenen zeitlichen Kürze zu sichten,
- den Texten zielgenau Elemente für Ihre Information oder für Ihre Argumentation zu entnehmen,
- Ihren eigenen Text sinnvoll zu gliedern.

Arbeitsanweisungen beachten

Legen Sie besonderes Augenmerk auf die Verben in der Aufgabenstellung – ihnen können Sie entnehmen, wie viele und welche Arbeitsschritte von Ihnen verlangt werden.

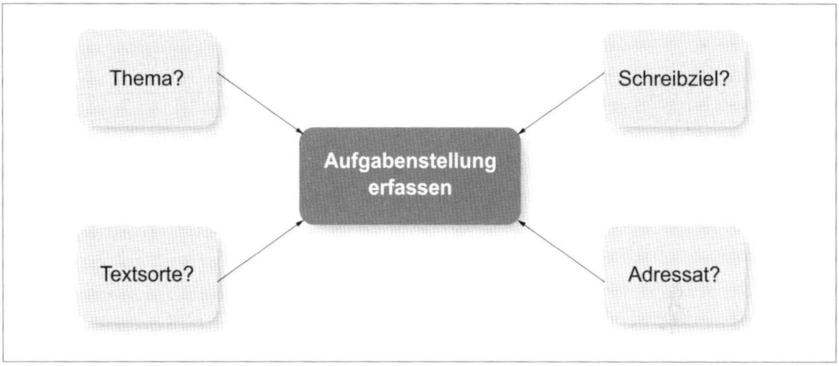

Aspekte zur Erfassung der Aufgabenstellung

Thema erfassen

Machen Sie sich unbedingt klar, um welches Sachthema es sich handelt und worum es bei Ihrem eigenen Text gehen soll:

- Was ist das Hauptthema, über das Sie informieren bzw. zu dem Sie sich äußern sollen?
- Aus welchem (Lebens-)Bereich stammt das Thema?
- Gibt es in der Aufgabenstellung eventuell Neben-/Unterthemen, die zu beachten sind?

Schreibziel erfassen

Machen Sie sich bewusst, was Sie mit Ihrem eigenen Text bezwecken und bewirken wollen und wie Sie dieses Ziel am besten erreichen können:

- In welchem kommunikativen Zusammenhang steht der Schreibauftrag?
- Was sind Anlass und Ziel?

Textsorte erfassen

Achten Sie bei der Aufgabenstellung darauf, ob Hinweise gegeben werden, welche Textform Sie erstellen sollen.

- Einen Text welcher Textsorte sollen Sie entsprechend der Aufgabenstellung selber schreiben?
- Was wissen Sie über die Anforderungen, die an diese Textsorte gestellt werden, z. B. hinsichtlich Informationsgehalt und/oder eigener Meinungsäußerung, äußerer Form, stilistischer Gestaltung?

Adressatenbezug erfassen

Die Beantwortung der Frage, für wen Sie Ihren Text verfassen sollen, hat vielfältige Auswirkungen auf die Ausrichtung und Gestaltung Ihres Textes, z. B. im Hinblick auf die Wortwahl, die Bildhaftigkeit, das allgemeine Sprachniveau oder den Anteil von Fremdwörtern. Es macht zum Beispiel einen deutlichen Unterschied, ob Sie einen Text für Gleichaltrige/Mitschüler verfassen oder aber für eine Gruppe von Erwachsenen, die bereits über ein bestimmtes Sachwissen verfügen. Fragen Sie sich also:

- Wer sind Ihre Leserinnen und Leser?
- Gibt es bestimmte Merkmale und Eigenschaften, die sie von anderen unterscheiden, z. B. Alter, Geschlecht, Schulabschluss, Beruf o. Ä.?

3.4 Informationen entnehmen

Bevor Sie mit dem Schreiben beginnen, müssen Sie sich zunächst einmal einen Überblick über die verschiedenen Informationen und Meinungen verschaffen, die in den Materialien des vorgelegten Materialpools enthalten sind.

Richtige Lesestrategie anwenden

Von anderen Aufgabenarten sind Sie es gewohnt, mit der Ihnen bekannten Methode der Textanalyse an unbekannte neue Texte heranzugehen und diese einer ausführlichen Analyse und Interpretation zu unterziehen. Eine tiefgründige Auswertung ist bei der Aufgabenart „Materialgestütztes Schreiben" weder gefordert noch möglich, da u. a. die Zeit hierfür gar nicht ausreicht. Vielmehr sollen Sie die Texte lediglich als Informationsquelle nutzen und das für die Aufgabenstellung und das Thema Wesentliche und für Ihre Ausführung Brauchbare bei einem überfliegenden Lesen herausfiltern.

Folgendes hilft dabei:

- Welche Aussagen zum Thema enthalten die Texte/Materialien?
- Lassen sich unterschiedliche Positionen feststellen? Wenn ja: Welche sind es?
- Unterstreichen/markieren Sie Kernbegriffe.
- Schreiben Sie Stichpunkte an den Rand.
- Prüfen Sie Autor und Quelle: Woher stammen sie? Lassen sich Rückschlüsse auf ihre Glaubwürdigkeit ziehen?

3.5 Schreibplan erstellen

Nachdem Sie während der ersten ca. 40 Minuten die Aufgabenstellung richtig erfasst und den Texten des Materialpools die für Sie wichtigen Informationen entnommen haben, gilt es nun, Ihren eigenen Schreibprozess vorzubereiten. Hierfür ist es notwendig, dass Sie die bisherige Stoffsammlung (d. h. die aus dem Materialpool entnommenen Informationen) anreichern durch Ihr eigenes Vorwissen zum Thema bzw. zu einzelnen Teilthemen. Danach erstellen Sie eine Übersicht, die Ihnen später bei der Gliederung und beim Schreiben hilft.

Stoffsammlung: Vervollständigung durch eigenes Vorwissen

Bei der Zentralen Klausur wird Ihnen eine Aufgabe zum Schwerpunkt „Digitale Medien und ihr Einfluss auf Kommunikation" gestellt. U. a. kann es um die Folgen anonymer Kommunikation für die Debattenkultur, um die Frage nach den Auswirkungen von Chat-Sprache auf die Schreibkompetenz oder auch um die Veränderung von Lese- und Schreibgewohnheiten infolge der Digitalisierung gehen.

Versuchen Sie mithilfe folgender Fragen einen Zugang zu finden:

- Welche Begriffe kommen Ihnen spontan in den Sinn?
- Denken Sie an den Deutschunterricht: Welche Themen haben Sie im laufenden Quartal/Halbjahr bearbeitet?
- Besitzen Sie weitere Kenntnisse aus Ihrem Privatleben (Allgemeinwissen, Informationen aus Medien, eigenes Hobby)?

Erstellen einer Übersicht

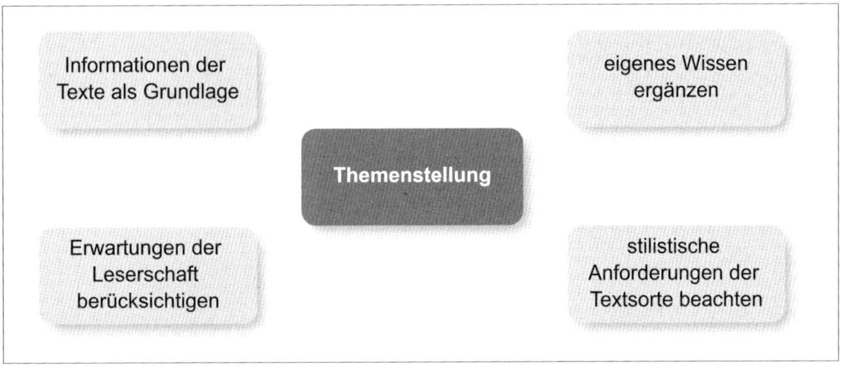

Aspekte zur Anfertigung einer Stoffsammlung (DIN-A4-Blatt)

Fertigen Sie auf Ihrem Konzeptpapier im DIN-A4-Format eine Tabelle, ein Cluster oder eine Mindmap an und erstellen Sie eine **Übersicht**; ordnen Sie zusammengehörige Aspekte und Teilthemen entsprechend an. Berücksichtigen Sie dabei geeignete Beispiele und Zitate.

Schreibziel festlegen

In der Aufgabenstellung ist festgelegt, an wen Sie sich mit Ihrem informierenden Text wenden sollen – vergewissern Sie sich noch einmal dieser Adressatengruppe.

Folgende Fragen helfen bei der inhaltlichen und sprachlichen Ausrichtung Ihres informierenden Textes:

- Was erwarten meine Leser von meinem Text?
  Möchten sie sich z. B. über etwas Neues, Unbekanntes informieren?
- Mit welchen Beispielen können Sie das Verständnis für die Sache bei den Lesern unterstützen?
- Welche Erläuterungen benötigen die Leser neben den bloßen Sachinformationen von Ihnen?

Anforderungen der Textsorte beachten

Bei der eigenen Textproduktion müssen Eigenschaften und Anforderungen der angestrebten Textsorte berücksichtigt werden. Die am häufigsten vorkommenden sind:

- Plakat-Text/Flyer-Text
- Leserbrief
- Kommentar
- Beitrag für die Abitur-/Schülerzeitung oder den Jahresbericht der Schule

Gliederung der Ausführung vornehmen

Informierende Texte erfordern eine übergreifende Gliederung/Grobgliederung nach dem Prinzip Einleitung – Hauptteil – Schluss. Planen Sie von Anfang an Zwischenüberschriften für den Hauptteil mit ein, mit denen Sie Ihre Ausführungen sinnvoll nach thematischen Aspekten und ggf. Teilthemen untergliedern. Auf diese Weise ermöglichen Sie Ihren Lesern einen einfacheren Mitvollzug der aufgezeigten Sachverhalte bzw. des gedanklichen Aufbaus Ihres Textes.

Einleitung: Zu Beginn Ihrer Ausführung gilt es, bei den Lesern Interesse zu wecken und dafür einen geeigneten Einstieg zu finden. Dazu muss die Einleitung das Hauptthema und ggf. relevante Neben-/Unterthemen in den Blick rücken, die im weiteren Textverlauf von Ihnen behandelt werden.

Hauptteil: Informierende Texte werden häufig anhand der folgenden inhaltlichen Hauptgliederungspunkte gestaltet:

Sachverhalt/ Eigenschaften	Ansatzpunkt/Ursache der Auseinandersetzung mit dem Thema	kritische Sichtweise von Begleiterscheinungen/ Folgen

- Überlegen Sie, ob das auch bei Ihrer Themen- und Aufgabenstellung möglich ist; in diesem Fall können Sie diese Grobstruktur übernehmen.
- Ggf. untergliedern Sie den Hauptteil nach Unterthemen.
- Legen Sie nun fest, in welcher Reihenfolge Sie die gesammelten Teilthemen und Aspekte darstellen wollen; hierbei helfen Ihnen die Nummerierungen, die Sie am Rand der Texte des Materialpools vorgenommen haben.
- Schreiben Sie diese Aspekte stichwortartig mit Spiegelstrichen versehen untereinander.

Schluss: Für den Schluss bietet sich z. B. ein Ausblick oder eine Einschätzung, aber auch ein Appell, ein Aufruf oder eine Forderung an.

- Ihre Gesamtausführung soll in einem Fazit enden, das die Sachdarstellung bzw. Ihre eigene Sichtweise abschließend bündelt.
- Am Ende des informierenden Textes soll/muss das Thema so weit wie eben möglich dargestellt sein – überlegen Sie sich, wie Sie dies abschließend „auf den Punkt bringen".

3.6 Text schreiben

Nachdem Sie sich beim Schreibplan intensiv Gedanken über Inhalt und Aufbau Ihres Schreibens gemacht haben, steht der Abfassung des Textes nichts mehr im Wege. Achten Sie dabei v. a. auf folgende Punkte:

- „Wecken" Sie bereits durch eine prägnante Überschrift und durch Ihre Einleitung das Interesse Ihrer Leser, indem Sie z. B. ein überraschendes Sachdetail präsentieren.
- Veranschaulichen Sie allgemeine Aussagen, indem Sie Beispiele hinzufügen.
- Vermeiden Sie Doppelungen bei der Wortwahl, benutzen Sie Synonyme statt Wiederholungen (z. B. bei Kausalzusammenhängen nicht immer *weil,* sondern abwechselnd *da*, *weswegen*, *weshalb*, *wegen* oder Kausalpräpositionen wie *aufgrund ..., infolge ...*).
- Verwenden Sie abwechslungsreiche Satzkonstruktionen, indem Sie z. B. die Reihenfolge der Satzglieder variieren.
- Gestalten Sie Ihre Ausführung syntaktisch lebendig, indem Sie z. B. ab und an gezielt ganz kurze Hauptsätze mit wesentlichen Aussagen wie Thesen benutzen.
- Setzen Sie gezielt rhetorische Mittel ein, z. B. Bilder oder rhetorische Fragen; Letztere sprechen die Leser quasi direkt an und wecken sein besonderes Interesse an dieser Stelle.
- Verdeutlichen Sie Zusammenhänge zwischen Sätzen und zwischen Sachverhalten durch entsprechende Konjunktionen wie *indem*, *weil*, *obwohl* oder Adverbien wie *deshalb*, *trotzdem* u. a.
- Nominalstil wirkt distanziert und auf Dauer ermüdend – setzen Sie stattdessen auf Verben, da diese lebendiger wirken. (z. B. nicht: *„Das Aufstellen von Wahlplakaten durch Mitarbeiter der Parteien mitten in der Nacht in der Anliegerstraße X rief bei den Bewohnern Protest hervor."* Sondern: *„Die Bewohner der Anliegerstraße X protestierten dagegen, dass mitten in der Nacht Mitarbeiter der Parteien Wahlplakate aufstellten.")*
- Gestalten Sie die Übergänge zwischen den einzelnen Abschnitten abwechslungsreich.
- Nutzen Sie die Möglichkeiten des Layouts, fügen Sie hinreichend Zwischenüberschriften und Absätze ein.

3.7 Abschließende Überarbeitung

Nachdem Sie Ihren Text fertig geschrieben haben, sollten Sie ihn einer letzten Überprüfung nach inhaltlichen, stilistischen und formalen Gesichtspunkten unterziehen. Korrigieren Sie fehlerhafte Satzzeichen direkt im Text. Fehler bei der Rechtschreibung beheben Sie, indem Sie das entsprechende Wort mit einem Lineal durchstreichen und die richtige Version an den Rand setzen. Sollten längere Textpassen gestrichen werden, ist eine Arbeit mit Fußnoten sinnvoll.

Die folgende Checkliste hilft Ihnen bei der Überarbeitung Ihres Textes:

Checkliste

Inhalt	Ja	Nein
Habe ich die Anforderungen der verlangten Textsorte beachtet?	☐	☐
Habe ich eine ansprechende Überschrift gewählt?	☐	☐
Habe ich alle Sachaspekte berücksichtigt (vgl. Schreibplan)?	☐	☐
Habe ich die inhaltliche Logik beachtet?	☐	☐
Habe ich einen stimmigen Aufbau gewählt?	☐	☐
Ist ein „roter Faden“ erkennbar?	☐	☐
Habe ich treffende Fachbegriffe verwendet?	☐	☐
Habe ich Aussagen und Argumente durch Beispiele abgesichert?	☐	☐
Habe ich durch angemessene Stilmittelverwendung Interesse und Verständnis bei den Lesern in meinem Sinne beeinflusst?	☐	☐
Sprachliche Richtigkeit		
Habe ich eine angemessene Sprachebene gewählt?	☐	☐
Ist meine Aussage zum Sachgegenstand verständlich?	☐	☐
Ist mein Ausdruck präzise und überzeugend?	☐	☐
Ist meine Wortwahl variabel und zielgerichtet?	☐	☐
Habe ich Wiederholungen vermieden?	☐	☐
Habe ich den Satzbau hinreichend abwechslungsreich gestaltet?	☐	☐
Habe ich überzeugende rhetorische Figuren verwendet, um eine Aussageabsicht zu unterstreichen?	☐	☐
Formale Richtigkeit		
Ist meine Rechtschreibung fehlerfrei?	☐	☐
Habe ich die Regeln der Zeichensetzung durchgehend beachtet?	☐	☐
Äußere Gestaltung		
Habe ich das Deckblatt schulkonform gestaltet?	☐	☐
Habe ich die standardbezogenen Layout-Regeln beachtet?	☐	☐
Habe ich durch Trennen den Rand beachtet?	☐	☐
Habe ich die Fußnoten durchnummeriert und am Ende der Klausur platziert?	☐	☐

1 Inhaltsfeld 1: Sprache – Aspekte der Sprachentwicklung

1.1 Ebenen der Sprachveränderung

Wer die deutsche Sprache beherrscht, hat trotzdem manchmal Schwierigkeiten, alles richtig zu verstehen. Wenn Sie z. B. eine Novelle von Goethe, ein Drama von Schiller oder ein Gedicht von Eichendorff lesen, werden Sie feststellen, dass Ihnen das Verständnis dieser Texte nicht gerade leichtfällt. Das hat unter anderem damit zu tun, dass sich die **Sprache im Laufe der Zeit** in verschiedener Hinsicht **entwickelt und ggf. verändert** hat.

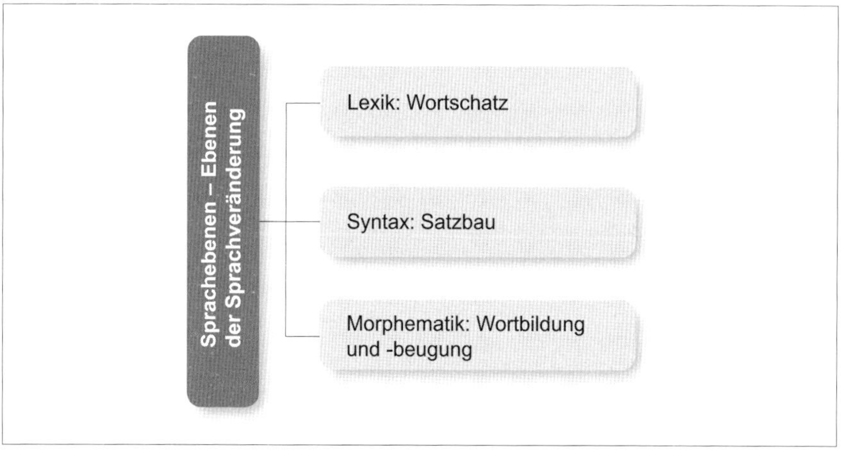

Am deutlichsten wird dies auf der Ebene des **Wortschatzes (Lexik):** Wörter gehen unter (z. B. *Kaltmamsell* für eine Angestellte, die für die kalte Küche zuständig ist), neue kommen hinzu (z. B. *Smartphone*). Aber auch auf der Ebene des **Satzbaus (Syntax)** finden Veränderungen statt (z. B. *Ich komme heute nicht, weil ich muss arbeiten* anstelle von *Ich komme heute nicht, weil ich arbeiten muss).* Heutzutage verwenden viele Menschen *weil* als nebenordnende und nicht mehr als unterordnende Konjunktion. Auch bei der **Wortbildung und -beugung (Morphematik)** zeigen sich Veränderungen (*er backte* statt ursprünglich *er buk*).

1.2 Arten von Veränderung

Man kann die Sprachentwicklung auch nach verschiedenen Arten der Veränderung untersuchen. Die folgende Grafik veranschaulicht die wichtigsten Aspekte:

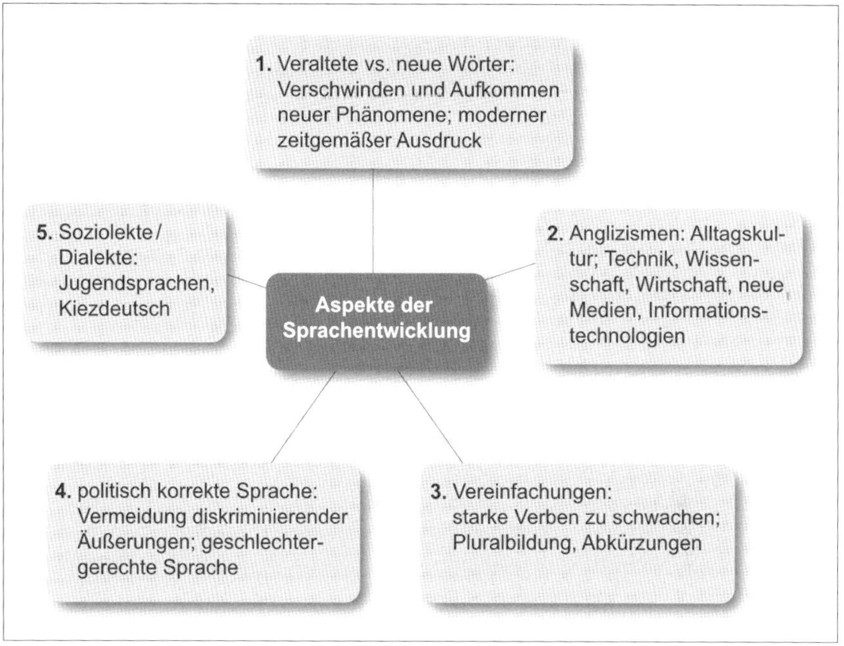

Zu Punkt 1:

Veraltete Wörter sterben aus, z. B. *Bandsalat* für ein verwickeltes Tonband einer Musikkassette. Andererseits kommen neue in die Sprache, z. B. *liken*. Der offensichtlichste Grund dafür ist, dass sich die außersprachliche Wirklichkeit ständig verändert. Begriffe werden nicht mehr gebraucht, weil die Dinge oder Phänomene, die sie bezeichnen, ausgedient haben oder nicht mehr existieren. Neue Wörter müssen her, wenn etwas Neues entsteht. Manchmal ist aber der Grund für das Verschwinden oder Aufkommen von Wörtern auch einfach der, dass man modern und zeitgemäß sprechen möchte. Es klingt vielleicht schicker zu sagen: *Ich gehe joggen* statt *Ich gehe dauerlaufen.*

Zu Punkt 2:

Viele Begriffe sind aus dem Englischen/Amerikanischen übernommen. Man bezeichnet sie als „**Anglizismen**", d. h. als Übernahmen englischer Begriffe in die deutsche Sprache. So übernimmt heutzutage der *Caterer*, der Verpflegung ins Haus liefert, die Arbeit der *Kaltmamsell*.

Man vermutet, dass Anglizismen inzwischen rund 3,5 % des deutschen Wortschatzes ausmachen. Die Imitation und Übernahme anglo-amerikanischer Alltagskultur *(Lifestyle)* ist einer der Gründe für die Aufnahme in die deutsche Sprache. Wir essen *Finger Food* und schlürfen unseren *Coffee to go*. Es klingt modern, Anglizismen zu benutzen: Heutzutage schaut man seine *Daily Soap* (und nicht *Seifenoper*) beim *Chillen* (und nicht *Faulenzen*) auf der *Couch* (und nicht auf dem Sofa).

Aber auch aus dem Bereich Wissenschaft und Technik sind viele Begriffe übernommen worden, weil ein großer Teil der technischen Entwicklung in den USA stattfindet bzw. Englisch die Sprache der Verständigung unter Wissenschaftlern geworden ist. Besonders deutlich wird dies im Zusammenhang mit den neuen Medien. Ein Großteil der Begriffe aus diesem Bereich stammt aus dem Englischen: *bloggen, chatten, E-Mail, scannen, simsen, Hardware* usw. Nicht zuletzt zeigt sich auch der wirtschaftliche Einfluss der USA in einer Vielzahl von Anglizismen: *Business*, *outsourcen*, *Trader*, *Marketing* usw.

Der Einfluss des Englischen beschränkt sich nicht nur auf den Wortschatz. Auch im Bereich der Morphematik finden Übernahmen statt, so das Genitiv-s mit Apostroph *(Ulla's Friseurladen)*, das Plural-s bei deutschen Wörtern, die dies nicht brauchen *(die Kumpels)*, oder die zusätzliche Präposition bei Jahresangaben *(in 2015)*.

Zu Punkt 3:

Die Sprache zeigt zudem Tendenzen der **Vereinfachung**, die sich teilweise im Zusammenhang mit der Verbreitung neuer Medien im Alltag und dem Einfluss des Englischen erklären lassen. So werden beim Simsen oder Chatten Abkürzungen, Vereinfachungen oder Zeichen verwendet: *hdgdl ;-)*

Im Zusammenhang mit weniger Sprechaufwand sind sicherlich die zahlreichen Kurzwörter zu sehen: *Azubi, LAN, WM, PC.*

Zu Punkt 4:

Eine bewusste Sprachsteuerung liegt vor, wenn die Verwendung diskriminierender Wörter wie *Neger* oder *Schwuchtel* in der Öffentlichkeit sanktioniert wird oder auf geschlechtergerechte Sprache geachtet werden soll *(Schülerinnen und Schüler statt nur Schüler)*. Allerdings ist diese *political correctness* nicht immer unumstritten, wie die Diskussion um die Ersetzung von Wörtern wie *Negerbaby* in Michael Endes Kinderbuch „Jim Knopf und der Lokomotivführer" zeigt. So werden Sprachwandel und Sprachkritik in der Öffentlichkeit kontrovers diskutiert.

Zu Punkt 5:
Verschiedene **Soziolekte** (Gruppensprachen), hier besonders die der Jugendlichen, befinden sich im Spannungsverhältnis zur deutschen Standardsprache und hinterlassen ihren Einfluss. Dies gilt auch – jedoch regional unterschiedlich – für den Einfluss der **Dialekte**, die in den letzten Jahren wieder an Bedeutung zugenommen haben. Nicht zuletzt hinterlassen auch die Sprachen der Einwanderer ihre Spuren. Es haben sich verschiedene Mischsprachen gebildet, Mischungen aus der mitgebrachten und der deutschen Sprache *(Chabo, Babo, Wallah)*. Eine der bekanntesten Varianten ist dabei das Kiezdeutsch, eine Sprachvarietät, die sich in Wohngebieten mit hohem Migrantenanteil gebildet hat *(Lassma Kino gehen Lan)*.

1.3 Bewertung des Sprachwandels

Die Aspekte der Sprachentwicklung werden in der Öffentlichkeit kontrovers diskutiert. Sprachpuristen warnen vor dem **Verfall** der deutschen Sprache, wenn es viele Anglizismen gibt oder Kiezdeutsch gesprochen wird. Viele Linguisten sehen dagegen in der Wandelbarkeit der Sprache eher **Sprachlebendigkeit und -kreativität**.

2 Inhaltsfeld 2: Texte – Sachtexte, Erzähltexte und lyrische Texte

2.1 Sachtexte

Das Inhaltsfeld 2 „Texte" enthält den zentralen Lerngegenstand des Deutschunterrichts. In der Einführungsphase zählen Sachtexte zu den inhaltlichen Schwerpunkten. Zwei der vier Aufgabenarten (II a: Analyse eines Sachtextes, vgl. S. 7 ff. und IV: Materialgestütztes Schreiben, vgl. S. 10 ff.) nehmen Bezug auf Sachtexte.

Was bezeichnet man als „Sachtext" im Unterschied zum literarischen Text? Zunächst einmal bezieht er sich auf einen Gegenstand, der in der außersprachlichen Wirklichkeit tatsächlich existiert. Man spricht deshalb auch von **„nicht-fiktionalen Texten"**, **„Gebrauchstexten"** oder **„pragmatischen** (sachbezogenen) **Texten"**.

Mit Sachtexten verfolgen Verfasserinnen und Verfasser die Absicht, z. B. über einen Sachverhalt zu informieren oder zu einem Thema ihre Meinung zu äußern.

Auch die Leserinnen und Leser rezipieren Sachtexte mit einer bestimmten Absicht, z. B. wollen sie zu einem Sachverhalt mehr erfahren oder sich unterschiedliche Meinungen zu einer Kontroverse einholen.

Man kann die Sachtexte je nach ihrer Intention in unterschiedliche Kategorien nach den drei Grundfunktionen der Sprache einteilen (vgl. das Organon-Modell von Karl Bühler, S. 44 f.): Darstellung, Ausdruck und Appell. Weitere mögliche Kategorisierungen sind:

- **informierende, darstellende Sachtexte**, z. B. Bericht, wissenschaftlicher Text, Sachbuch,
- **argumentierende, erörternde Sachtexte**, z. B. Kommentar, Leserbrief, Rezension, Essay (deskriptiv) und
- **auffordernde Sachtexte**, z. B. Rede, Plakat, Werbung (appellativ).

Sachtexte stehen überwiegend in Zusammenhang mit bestimmten Situationen (**situativer Kontext**), sie wenden sich an unterschiedliche, z. T. **spezielle Adressaten**. Um ihre Sachaussagen verständlich zu machen und ihrer Aussageabsicht Nachdruck zu verleihen, nutzen ihre Verfasser/Sprecher für ihre Ausführung oder Argumentationsstrategie die **gestalterischen Mittel** von Sprache, die Sie bereits im Zusammenhang mit der Analyse literarischer Texte kennengelernt haben (s. S. 5 f.). Inhalt, Aufbau und sprachliche Mittel weisen bei Sachtexten ebenso einen wechselseitigen Zusammenhang auf wie bei literarischen Texten.

Informierende, darstellende Sachtexte

Bericht: Bei dieser Textsorte handelt es sich um eine eher kurze, sachlich-nüchterne informationsorientierte Darstellung eines Sachverhalts oder einer Handlung/eines Ereignisses ohne persönliche Ausschmückungen oder Wertungen. Im Unterschied zur Nachricht erfolgt die Information detaillierter und damit umfangreicher. Teilweise enthält der Bericht sachliche Informationen zur Vorgeschichte und/oder zum Hintergrund eines Geschehens.

Wissenschaftlicher Text: Es handelt sich um einen informierenden, erklärenden Text von Expertinnen und Experten für eine Leserschaft, die fachlich interessiert ist. Das Wissen eines Fach- oder Wissensbereichs soll anderen vermittelt werden. Merkmal wissenschaftlicher Texte sind v. a. Fachbegriffe, deren Kenntnis bei den gebildeten Adressaten vorausgesetzt werden kann. Ein solcher Text zielt auf eine objektive Darstellung ab, d. h. er weist Fakten und nachvollziehbare Sachverhalte auf und nutzt ggf. eine anerkannte Argumentationsmethode. Der Stil ist sachlich-nüchtern, die Textgliederung folgt einer wissenschaftlich vorgegebenen Systematik. Der Text wirkt somit seriös, auf rhetorische Stilmittel wird weitgehend verzichtet. Zitate und Quellenangaben erlauben es den Lesern, die vorliegenden Aussagen eigenständig zu überprüfen.

Argumentierende, erörternde Sachtexte

Kommentar: Mit dem Kommentar möchte ein Autor/eine Autorin den Lesern seine bzw. ihre subjektive Sicht der Dinge näherbringen. Gegenstände von Kommentaren stammen aus dem aktuellen gesellschaftlichen, politischen Leben, sie sind von öffentlichem Interesse und werden kontrovers diskutiert. Ziel ist es, die Leser für sich einzunehmen und sie im Idealfall dazu zu bringen, die Haltung des Autors/der Autorin zu übernehmen.

Neben dem Kommentar gibt es auch andere journalistischen Texte, die auf eine Meinungsäußerung abzielen. Dazu gehören beispielsweise Leitartikel, Glossen oder Kolumnen. Aufseiten der Zeitungsleserinnen und -leser wird ggf. mit ebenfalls subjektiv abgefassten Leserbriefen darauf Bezug genommen. Kommentare und andere meinungsbildende Texte enthalten demnach Wertungen, die häufig schon in der Überschrift anklingen und die durch provokative Wortwahl, Ironie und Polemik verstärkt werden.

Am Schluss erfolgt oft ein Resümee, bei dem Handlungsmöglichkeiten aufgezeigt werden oder auf pointierte Weise Kritik geäußert oder Zustimmung signalisiert wird.

Auffordernde Sachtexte

Rede: Im Unterschied z. B. zum wissenschaftlichen Vortrag will die Rede Meinung und Verhalten der Zuhörer beeinflussen, d. h. entweder bestimmte Haltungen und Bewertungen bestätigen oder aber im gegenteiligen Sinne verändern.

Im Anschluss an Begrüßung und Anrede der Zuhörer – das Schaffen einer persönlichen Beziehung ist wichtig – erfolgt nach der Einführung zum Thema und der Motivierung der Zuhörer (Einleitung) die argumentative Ausführung im Hauptteil. Durch Ablehnung und Kritik der Gegenseite/Gegenmeinung und positives Herausstellen der eigenen Position gewichtet der Redner/die Rednerin Argumente in seinem bzw. ihrem Sinne, nutzt rhetorische Mittel der Abwertung einerseits und Beschönigung, Aufwertung des eigenen Standpunkts andererseits. Phasen der Emotionalisierung, Provokation und des Angriffs auf die Gegenseite bilden oft den Höhepunkt einer Rede. In einer Mischung aus Überzeugung und Überredung, teilweise auch durch Manipulation versucht der oder die Vortragende, das eigene Ziel zu erreichen. Zum Schluss werden die Zuhörer häufig konkret und expressis verbis zum Umdenken und/oder Mitmachen aufgefordert (Appell).

2.2 Erzähltexte

Erzähltexte gehören zu den **fiktionalen Texten**, das heißt, sie erschaffen eine **eigene Wirklichkeit**. Vereinfacht kann man sagen, sie erfinden ihre eigene Welt und sind nicht an der außersprachlichen Wirklichkeit überprüfbar. Betrachtet man die Gestaltung erzählender Texte, so ergibt sich eine Vielzahl von Aspekten, die bei der Analyse zu beachten sind.

Der Erzähler

Die entscheidende Vermittlungsinstanz zwischen dem Autor des erzählenden Textes und dem Leser ist der **Erzähler**, der manchmal deutlich erkennbar, manchmal aber auch verborgen das Geschehen erzählt. Dabei ist der Autor nicht mit dem Erzähler gleichzusetzen: Der Autor „erschafft" den Erzähler, der ganz andere Ansichten vertreten kann als sein Schöpfer. Sehr deutlich wird dies am Beispiel eines Kriminalromans, der aus der Sicht eines Täters geschrieben ist: Niemand käme auf die Idee, den Autor zu verhaften, weil man ihn für den Übeltäter hält. So stehen dem Autor verschiedene Möglichkeiten zur Verfügung, wie er den Erzähler gestalten kann. Zunächst einmal muss er sich für eine **Erzählform** entscheiden. Dies kann eine **Ich**- oder **Er-/Sie**-Form sein.

Erzählperspektive

Beim Ich-Erzähler sind Figur und Erzähler identisch, das Ich ist erlebender und/oder erzählender Protagonist. Je nach Position des Erzählers gegenüber dem Erzählten handelt es sich um eine **Innen-** oder eine **Außenperspektive**.

Beispiel Innenperspektive

Der Roman „Tschick" von Wolfgang Herrndorf beginnt mit einem Einblick in das Innere der Hauptfigur:

„Als Erstes ist da der Geruch von Blut und Kaffee. Die Kaffeemaschine steht da drüben auf dem Tisch, und das Blut ist in meinen Schuhen. Um ehrlich zu sein, es ist nicht nur Blut. Als der Ältere ‚vierzehn' gesagt hat, hab ich mir in die Hose gepisst. Ich hab die ganze Zeit schräg auf dem Hocker gehangen und mich nicht gerührt. Mir war schwindelig. Ich hab versucht auszusehen, wie ich gedacht hab, dass Tschick wahrscheinlich aussieht, wenn einer ‚vierzehn' zu ihm sagt, und dann hab ich mir vor Angst in die Hose gepisst."

Reinbek bei Hamburg: Rowohlt 2010, zitiert nach der Auflage 2012, S. 7

Beispiel Außenperspektive

In der Erzählung „Der Sandmann" von E.T.A. Hoffmann meldet sich ein Erzähler zu Wort, der das Geschehen als Außenstehender erzählt:

„Seltsamer und wunderlicher kann nichts erfunden werden, als dasjenige ist, was sich mit meinem armen Freunde, dem jungen Studenten Nathanael, zugetragen, und was ich dir, günstiger Leser! zu erzählen unternommen."

Frankfurt/M.: Insel, 2001, S. 28

Erzählverhalten

Von Bedeutung ist, für welches **Erzählverhalten** der Autor sich entscheidet: auktorial, personal oder neutral.

Beim **auktorialen Erzählverhalten** steht der Erzähler über dem Geschehen, er kennt z. B. die Hintergründe, die Zusammenhänge und den Ausgang des Erzählten. Er kennt auch die Gefühle und Gedanken der Figuren und er bewertet und kommentiert das Geschehen. Deshalb wird er auch der „allwissende" Erzähler genannt.

Beispiel auktoriales Erzählverhalten

Im 1888 erschienenen Roman „Irrungen, Wirrungen" von Theodor Fontane äußert sich ein auktorialer Erzähler wie folgt:

„Dabei hielt die Alte beide Hände gegen die Glut und war so versunken in ihre Betrachtungen und Träumereien, daß sie nicht hörte, wie die nach dem Flur hinausführende Tür aufging und eine robuste Frauensperson ziemlich geräuschvoll eintrat. Erst als die letztere sich geräuspert und ihre Freundin und Nachbarin, eben unsere Frau Nimptsch, mit einer gewissen Herzlichkeit beim Namen genannt hatte, wandte sich diese nach rückwärts und sagte nun auch ihrerseits freundlich und mit einem Anflug von Schelmerei [...]"

München, dtv, 1997, S. 8

Beim **personalen Erzählverhalten** dagegen nimmt der Erzähler die Perspektive einer der Figuren ein und erzählt aus ihrer Sicht – also kann er auch nur das erzählen, was seine Figur weiß, und ihre Gedanken und Gefühle wiedergeben. Was die anderen Figuren denken oder fühlen, kann er demnach nur vermuten.

Beispiel personales Erzählverhalten

Das folgende Beispiel stammt aus Franz Kafkas unvollendetem Roman „Der Proceß":

„Jemand mußte Josef K. verleumdet haben, denn ohne daß er etwas Böses getan hätte, wurde er eines Morgens verhaftet. Die Köchin der Frau Grubach, seiner Zimmervermieterin, die ihm jeden Tag gegen acht Uhr früh das Frühstück brachte, kam diesmal nicht. Das war noch niemals geschehen. K. wartete noch ein Weilchen, sah von seinem Kopfkissen aus die alte Frau, die ihm gegenüber wohnte und die ihn mit einer an ihr ganz ungewöhnlichen Neugierde beobachtete, dann aber, gleichzeitig befremdet und hungrig, läutete er."

Frankfurt/M.: Fischer, 1987, S. 7

Das **neutrale Erzählverhalten** ist von fehlender Innenperspektive gekennzeichnet. Er wird nur das wiedergegeben, was von außen zu erkennen ist; dies wird gleichsam neutral, ohne Bewertung dargestellt.

Beispiel neutrales Erzählverhalten
In Christoph Heins 1989 veröffentlichter Erzählung „Der Tangospieler“ wird phasenweise neutral erzählt:
„Am Tage seiner Entlassung konnte Dallow seine Finger nicht bewegen. Sie waren steif und kalt und wie gelähmt. Die Beamten legten ihm vier Papiere vor, die er unterschreiben sollte. Dallow klemmte den Stift zwischen Daumen und Zeigefinger und krakelte mühselig seine Unterschrift.
‚Was ist mit Ihrer Hand?‘, fragte der Beamte, der vor ihm saß und ihm zusah.
‚Nichts‘, entgegnete Dallow, ‚den Fingern ist der Schreck in die Knochen gefahren.‘
‚Sie meinen, das macht die Aufregung?‘
‚Wenn ich das meinte, hätte ich es gesagt‘, erwiderte Dallow.
Der Beamte sah ihn an und überlegte.
‚Sie müssen noch zum Arzt‘, verkündete er dann.
Dallow schüttelte den Kopf. ‚Das ist nicht nötig. In ein paar Minuten haben sich die Finger daran gewöhnt. Man muß das einfach nicht beachten.‘ “
Frankfurt: Luchterhand, 1989, S. 7

Die **Analyse des Erzählverhaltens** ist ein wichtiger Schritt Ihres Aufsatzes. Die Wahl des Erzählverhaltens beeinflusst nämlich in nicht unerheblichem Maß die Wahrnehmung des Lesers. So liegt beim auktorialen Erzählen häufig eine starke Lenkung durch den Erzähler vor, der durch seine Kommentare z. B. Wertungen und Einschätzungen transportiert. Das personale Erzählverhalten führt hingegen dazu, dass der Leser auf die Perspektive der Figur beschränkt bleibt, aus deren Sicht erzählt wird, und deshalb ggf. stärker aufgefordert ist, eigene Einschätzungen vorzunehmen. Dies trifft in noch höherem Maß für das neutrale Erzählverhalten zu, das wie eine „Überwachungskamera“ lediglich das äußerlich Sichtbare aufzeichnet. Dennoch ist es häufig – besonders bei Romanen – der Fall, dass nicht nur ein Erzählverhalten verwendet wird, sondern das Erzählverhalten wechselt oder gemischt wird. Diese Stellen sollten genauer betrachtet werden, um zu ergründen, warum das Erzählverhalten geändert wurde. Es kann z. B. sein, dass ein auktorialer Erzähler die Innensicht in eine seiner Figuren verliert, weil diese eine befremdliche Entwicklung durchläuft. Es ist auch möglich, dass sich aufgrund von Orts-, Zeit- oder Figurenwechsel auch das Erzählverhalten ändert.

Darbietungsformen des Erzählens

Dem Erzähler stehen weiterhin verschiedene Darbietungsformen zur Verfügung. Er kann einen **Erzählerbericht** verwenden. Dabei wird die Handlung gerafft und (meist) chronologisch erzählt. Oder aber er beschreibt ausführlich, wie seine Figuren, die Orte oder Objekte aussehen. Er kann aber auch seine Figuren selbst sprechen lassen, in **direkter oder indirekter Redewiedergabe**. Lässt er seine Figuren über einen längeren Zeitraum miteinander in direkter Rede sprechen, so nennt man dies „**szenische Darstellung**", weil das einer Szene in einem Theaterstück ähnelt. Greift der Erzähler in das Geschehen mit Kommentierungen oder Urteilen ein, so liegt ein **Erzählerkommentar** vor. Eine Innensicht wird durch die Verwendung von erlebter Rede oder innerem Monolog möglich. Bei der **erlebten Rede** werden die Gedanken und Gefühle in der 3. Person Singular im Präteritum wiedergegeben, beim **inneren Monolog** in der 1. Person Singular im Präsens.

Beispiel erlebte Rede

Erlebte Rede findet man z. B. im folgenden Auszug aus dem Roman „Tauben im Gras" von Wolfgang Koeppen:

„Edwin rutschte noch tiefer in die Wagenecke. Was brachte er dem Land mit, Goethe, Winkelmann, Platen, was brachte er mit? [...] Kam er mit einer Botschaft, brachte er Trost, deutete er das Leid? Er sollte über die Unsterblichkeit sprechen, über die Ewigkeit des Geistes, die unvergängliche Seele des Abendlandes, und jetzt? jetzt zweifelte er."

Frankfurt/M.: Suhrkamp 1980, zitiert nach der Aufl. 2007, S. 41/42

Beispiel innerer Monolog

Die Erzählung „Leutnant Gustl" von Arthur Schnitzler beginnt so:

„Wie lang' wird denn das noch dauern? Ich muß auf die Uhr schauen ... schickt sich wahrscheinlich nicht in einem so ernsten Konzert. Aber wer sieht's denn? Wenn's einer sieht, so paßt er gerade so wenig auf, wie ich, und vor dem brauch' ich mich nicht zu genieren ..."

Frankfurt/M.: Fischer, 2005, S. 9

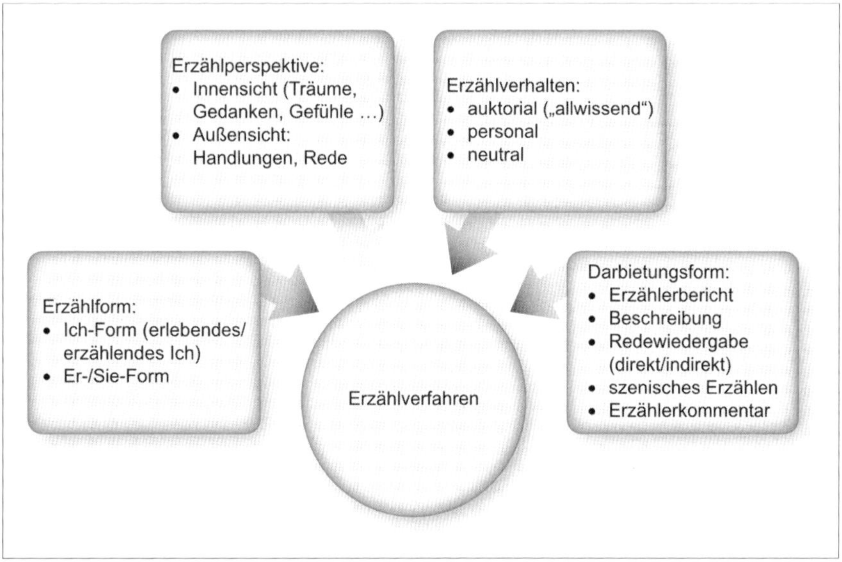

Figuren

Je nach Genre und Stoff treten in erzählenden Texten eine Figur oder mehrere Figuren auf. Ihre Beziehungen und ihr Verhältnis zueinander – auch in den Veränderungen und Entwicklungen – wird in der **Figurenkonstellation** analysiert. Die Hauptfigur nennt man den **Protagonisten**; hat er einen ausgemachten Gegenspieler, so wird dieser als **Antagonist** bezeichnet.

Wichtig zum Erfassen einer Figur und ihres Handelns ist ihre **Charakterisierung**. Diese kann durch die Beschreibungen und Wertungen der Figur durch den Erzähler oder durch die Wiedergabe von Gedanken und Gefühlen dieser Figur oder durch die Äußerungen anderer Figuren erfolgen.
In der Figurencharakteristik können untersucht werden:

- Aussehen und Auftreten der Figur,
- Herkunft (Region/Ort, Familie, Bildungsgang, Religionszugehörigkeit),
- soziale Stellung und Beruf,
- Charaktereigenschaften,
- Stärken und Schwächen,
- Anschauungen und Ziele.

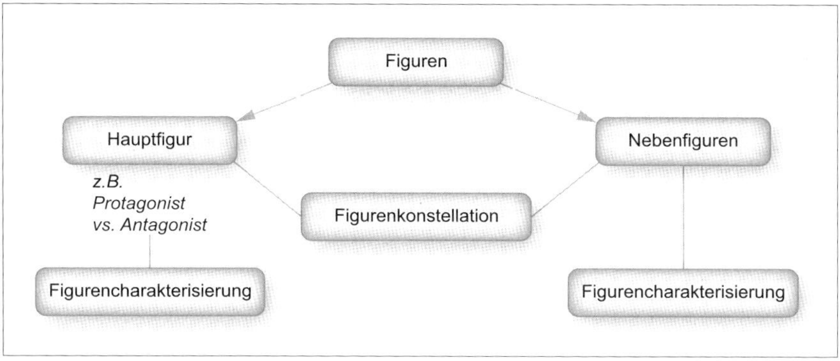

Handlung

Der Autor hat zumeist einen „**Stoff**" als Grundlage, auf dessen Basis ein Geschehen dargestellt wird. Dieses Geschehen kann aus **einem Handlungsstrang** bestehen oder über **Haupt- und Nebenstränge** verfügen. Die verschiedenen Handlungsstränge können auch als **Parallelhandlungen** angelegt sein.

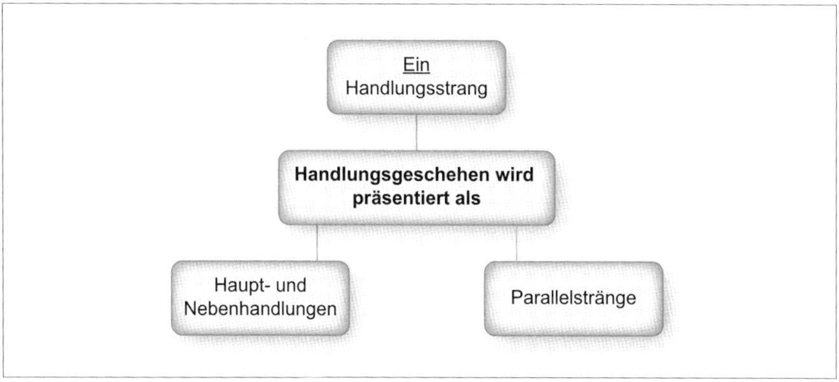

Manche Werke verfügen über eine **Rahmenhandlung**, in die die **Binnenhandlung** eingebettet ist.
Schließlich muss noch unterschieden werden zwischen der **inneren Handlung** (Erinnerungen, Träume, Gedanken, Gefühle, Fantasien der Figuren) und der **äußeren Handlung**, den eigentlichen Ereignissen. Häufig treten bestimmte **Motive** auf, dies sind Erzählbausteine, die bedeutsam für die Handlung sind. Ist ein wiederkehrendes und für die Entwicklung bedeutungstragendes Motiv auszumachen, das sich durch den gesamten Text zieht, spricht man von einem **Leitmotiv**. Ein solches hat eine ordnende und verbindende Funktion im Text. Klassische Motive sind die des Zufalls, des Traums oder auch bestimmter Pflanzen oder Tiere.

Zeitgestaltung

Man unterscheidet zwei Arten der Zeitbetrachtung bei Erzähltexten: Erzählzeit und erzählte Zeit. Unter **Erzählzeit** versteht man den Zeitraum, den man braucht, um den Erzähltext zu lesen oder vorzulesen. Die **erzählte Zeit** dagegen ist der Zeitraum, über den sich das erzählte Geschehen erstreckt. Je nach Verhältnis der beiden zueinander entsteht ein zeitdehnendes, zeitdeckendes oder zeitraffendes Erzählen. **Zeitdehnung** liegt vor, wenn z. B. ausgiebig die Gedanken einer Figur wiedergegeben werden oder der Erzähler einen längeren Kommentar einfließen lässt. **Zeitdeckung** ist dann gegeben, wenn über eine längere Passage die Gespräche der Figuren dargestellt werden. **Zeitraffung** entsteht vor allem beim Erzählerbericht, wenn Handlungen kurz und knapp erzählt werden.

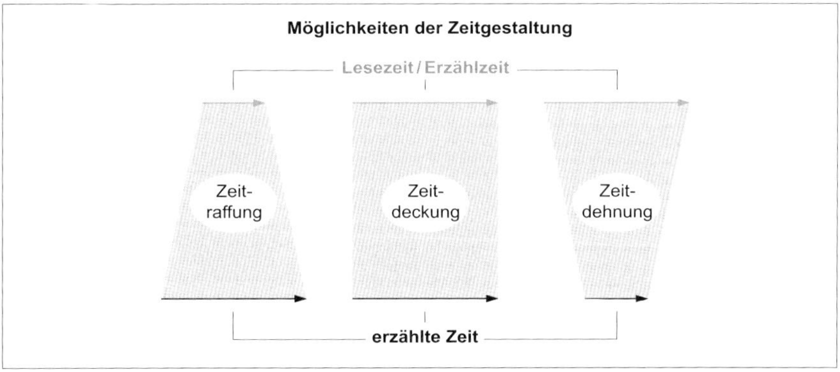

Dem Autor stehen zudem Möglichkeiten zur Verfügung, in welcher zeitlichen Anordnung er das Geschehen erzählt. Er kann **chronologisch-linear** erzählen, also in der zeitlichen Reihenfolge. Er kann aber auch **diskontinuierlich** erzählen, indem er **Zeitsprünge, Rückblenden und Vorausdeutungen** verwendet.

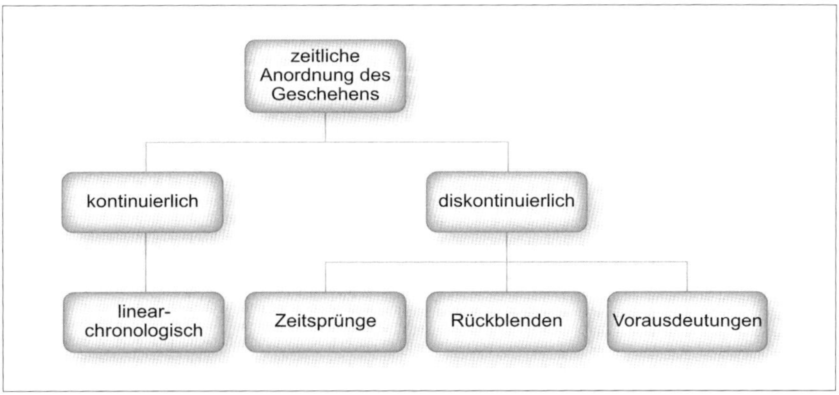

Raumgestaltung

Unter der Raumgestaltung kann man zunächst sehr konkret die **Schauplätze** verstehen, an denen die Handlung spielt. Die gewählten Räume können darüber hinaus schon Aufschluss über die Figuren, die Handlung oder die Atmosphäre geben. Manche Lokalitäten sind mit bestimmten **Assoziationen** verknüpft (z. B. der Wald gilt als dunkel und geheimnisvoll, Paris als die Stadt der Liebe, die Türschwelle als Ort des Übergangs). Die Raumgestaltung kann als Stimmungsbarometer für den Gemütszustand einer Figur, als Hinweis auf das Verhältnis der Figuren zueinander oder als Anzeichen für die weitere Entwicklung der Handlung dienen.

Sprachliche Analyse

Bei der Vielfalt der erzählenden Genres gibt es natürlich auch eine große Gestaltungspalette bezüglich der verwendeten Sprache. Bei der Analyse kann man auf folgende Aspekte achten:

- Stilebene: Welchen Stil verwendet der Autor/die Autorin? Ist es eher eine Alltagssprache, besonders in der direkten Rede der Figuren, oder eher eine literarische Sprache, die bildhaft und verdichtet ist?
- Wortwahl: Gibt es bestimmte Wortfelder, die häufiger benutzt werden (z. B. aus dem Bereich der Natur, der Technik o. a.)?
- Satzbau: Ist der Satzbau eher parataktisch, also vorrangig aus Hauptsätzen bestehend, oder eher hypotaktisch, also ein komplexes Satzgebilde mit Haupt- und Nebensätzen?
- Rhetorische Figuren[3]: Welche werden verwendet, welche Wirkung haben sie?

Liste einiger wichtiger rhetorischer Figuren

Die folgende Liste gibt Ihnen einen Überblick über häufig verwendete rhetorische Figuren.

Bitte beachten Sie: Bei Ihrer Analyse geht es <u>nicht</u> darum, möglichst viele rhetorische Figuren zu finden und diese dann aufzulisten! Vielmehr müssen Sie die rhetorischen Figuren jeweils hinsichtlich ihrer Funktion und Wirkung deuten.

3 Für „rhetorische Figuren“ werden häufig auch die Begriffe „rhetorische Mittel“ oder „Stilmittel“ verwendet.

Rhetorische Figur	**Erklärung**	**Beispiel**
Alliteration, die	Wiederholung des Anfangslauts aufeinanderfolgender Wörter	Weiche Wellen
Anapher, die	Wiederholung des Anfangsworts bei aufeinanderfolgenden Sätzen	Was willst du? Was meinst du?
Antithese, die	Entgegenstellung von Begriffen und Gedanken	Leicht zu sagen – schwer zu tun
Apostrophe, die	Anrufung	Bruder! Hör mir zu!
Aufzählung, die	Auflistung mehrerer Wörter aus einem Bereich	Regen, Sturm und Hagel
Ellipse, die	Unvollständiger Satz, Auslassung eines Satzglieds oder Wortes	Je mehr Wein, desto lustiger.
Epipher, die	Wiederholung des letzten Wortes bei aufeinanderfolgenden Sätzen	Ich habe viel gewollt. Du hast alles gewollt.
Euphemismus, der	Beschönigender Ausdruck	„heimgehen“ für „sterben“
Hyperbel, die	Übertreibung	Eine Flut von Beschwerden
Ironie, die	Das Gemeinte ist etwas anderes als das Gesagte	„Prima gemacht!“ (wenn es schlecht gemacht wurde)
Klimax, die	Steigerung, häufig in Dreier-schritten	Ich kam, sah und siegte. (Cäsar)
Metapher, die	Bildlicher Vergleich (ohne Ver-gleichswort „wie“) von Bereichen, die eigentlich nicht zusammen-gehören	Autoschlange
Neologismus, der	Wortneuschöpfung	unkaputtbar
Oxymoron, das	Pointierte Kombination zweier Begriffe, die scheinbar nicht zusammenpassen oder sich auszuschließen scheinen	Eile mit Weile

Rhetorische Figur	Erklärung	Beispiel
Paradoxon, das	Scheinbar widersinnige Aussage, die dennoch einen Sinn ergibt	Weniger ist mehr
Parallelismus, der	Wiederholung einer Wortreihenfolge	Lang war der Weg, kurz war der Erfolg.
Personifikation, die	Vermenschlichung eines abstrakten Begriffs oder eines Dings oder von Tieren	„Der Herbst steht auf der Leiter." (Peter Hacks)
Pleonasmus, der/ Tautologie, die	Inhalte werden mehrfach ausgedrückt	Der weiße Schimmel In Reih' und Glied
Rhetorische Frage, die	Scheinbare Frage, bei der die Antwort schon feststeht	Sind wir nicht alle nur Menschen?
Symbol, das	Sinnbild, das auf etwas Allgemeines verweist	„Herz" für die Liebe
Vergleich, der	Verknüpfung zweier Bereiche mit „wie"	Der Mond ist wie eine Orange.
Wiederholung (Repetitio, die)	Mehrmalige Verwendung gleicher Begriffe oder Wortgruppen	Oh je, oh je, oh je!

Textsorten (Genres)

Es gibt viele verschiedene erzählende Textsorten. Es ist nicht immer leicht, diese präzise zu definieren, da sie in verschiedenster Form auftreten und manchmal der bewusste Bruch mit dem Gewohnten ihren Reiz ausmacht. Dennoch lassen sich bestimmte Merkmale für die einzelnen Textsorten finden. Einige wichtige Textsorten werden Ihnen im Folgenden vorgestellt:

Die bekannteste Textsorte ist mit Sicherheit der **Roman**. Bei diesem handelt es sich um ein meist umfangreiches Werk, das eine komplexe eigene Welt erschafft, sich über einen längeren Zeitraum erstreckt und verschiedene Figuren und oft auch Erzählstränge enthält. Er weist außerordentlich unterschiedliche Stoffe und Ausprägungen auf. So gibt es Kriminalromane, Briefromane, Liebesromane, Gesellschaftsromane, Bildungs- oder Jugendromane, um nur eine wenige zu nennen.

Deutlich kürzer ist die **Novelle**, die über einen zentralen Erzählstrang verfügt und sich auf einen Höhepunkt konzentriert. Sie ist klar strukturiert und geschlossen. Ein Dingsymbol kann eine wichtige Rolle einnehmen. Die Novelle ist häufig in eine Rahmenerzählung eingebettet und ein fiktiver Herausgeber führt in das

Geschehen ein. Bekannt ist Goethes Ausspruch von der „unerhörten Begebenheit“, um die es in der Novelle gehe.

Erzählungen sind nicht genau definiert – sie sind kürzer und nicht so verschachtelt wie Romane, aber auch nicht so streng komponiert wie Novellen.

Nochmals deutlich kürzer als Novellen und Erzählungen sind die **Kurzgeschichten**, hervorgegangen aus den englisch-amerikanischen short stories. Sie entstanden in Deutschland in der Zeit nach dem Zweiten Weltkrieg, als die Autorinnen und Autoren nach neuen literarischen Ausdrucksformen suchten. Als Merkmale gelten ein offener Anfang und ein pointierter Schluss, eine begrenzte Figurenzahl, eine eher schlichte Alltagssprache sowie Vermeidung von Zeit- und Ortswechseln. Die Erzählform ist meist personal, manchmal neutral. Im Mittelpunkt steht oft eine alltägliche Situation, die eine exemplarische Bedeutung in Bezug auf menschliches Handeln annimmt.

2.3 Lyrische Texte

Johann Wolfgang Goethe (1749–1832):
Gedichte sind gemalte Fensterscheiben (1827)

Gedichte sind gemalte Fensterscheiben!
Sieht man vom Markt in die Kirche hinein
Da ist alles dunkel und düster,
Und so sieht's auch der Herr Philister;
Der mag denn wohl verdrießlich sein
Und lebenslang verdrießlich bleiben.

Kommt aber nur einmal herein!
Begrüßt die heilige Kapelle;
Da ist's auf einmal farbig helle,
Geschicht' und Zierrat glänzt in Schnelle,
Bedeutend wirkt ein edler Schein;
Dies wird euch Kindern Gottes taugen,
Erbaut euch und ergötzt die Augen!

Aus: Johann Wolfgang Goethe: Sämtliche Werke nach Epochen seines Schaffens (Münchner Ausgabe), Bd. 13.1. Hrsg. von Gisela Henckmann und Irmela Schneider, München 1992, S. 180

In seinem Gedicht über Gedichte beschreibt Goethe auf metaphorischer Ebene den richtigen Umgang mit lyrischen Texten. Sie müssen von innen genossen werden, das heißt, der Leser oder die Leserin muss sich auf die Bilder („gemalte Fensterscheiben“) einlassen, um zu einem tiefergehenden Kunstgenuss zu gelangen – also eine anspruchsvolle, aber lohnende Aufgabe.

Begriffsbestimmung

Der Begriff „Lyrik" stammt aus dem Altgriechischen „**lyrikós**" und bedeutet so viel wie „zum Spiel der Lyra (Leier, ein Saiteninstrument) gehörend", bezeichnet also ursprünglich vom Spiel der Lyra begleitete Gesänge. Seit dem 18. Jahrhundert gehört die Lyrik **eigenständig** neben Epik und Dramatik zu den **literarischen Grundgattungen**. Lyrische Texte sind innerhalb der Literatur diejenigen mit der auffallendsten **kunstvollen Sprach- und Formgebung**. Der Begriff „Gedicht" stammt aus dem Althochdeutschen „tihten", was „schriftlich abfassen" bedeutet. Seit der Barockzeit erfolgte die begriffliche Einengung auf lyrische Werke.

Die Bestimmung, was ein Gedicht eigentlich ist, erweist sich als anspruchsvoll. Ein Druckbild mit Versen und Strophen lässt vermuten, es liege ein Gedicht vor, allerdings lassen sich auch Dramen in gebundener Sprache finden. Auch die Abwesenheit von Reim und Metrum bedeutet nicht unbedingt, dass kein Gedicht vorliegt. In vielen modernen Gedichten wird darauf verzichtet.

Bei Lyrik liegt ein **in Versen vollzogenes Sprechen** vor, das sich von anderen Texten aufgrund der Bildung kleinerer Einheiten **(Segmentierung)** durch die **Versform** unterscheidet. Dadurch erhalten lyrische Texte sowohl lautlich (Phonetik) als auch in Bezug auf den Satzbau (Syntax) und die Bedeutungsebene (Semantik) eine besondere Qualität. Als **Minimaldefinition** lässt sich festhalten, dass bei Lyrik schriftliche oder mündliche **Äußerungen** vorliegen, **die in Verse unterteilt sind und nicht für eine szenische Aufführung gedacht sind**.

Kunstvolle Gestaltung und große Entfernung zur Alltagssprache machen bis heute das Gedicht aus. Auf der visuellen und auditiven Ebene erweist es sich als überstrukturiert und eröffnet ein **hohes Deutungspotenzial**. Es zeichnet sich aus durch seine künstlerische Gestaltung, seine Mehrdeutigkeiten, sein Sprachspiel, seine Musikalität und seine Prägnanz.

Sprecherinstanz

Wie bei anderen literarischen Texten gilt auch für die lyrischen Texte, dass zwischen dem Verfasser oder der Verfasserin und dem **Ich innerhalb des Gedichts** unterschieden werden muss, ähnlich wie bei der Epik zwischen Autor/Autorin und Erzähler. Um der Annahme vorzubeugen, die Sprecherin bzw. der Sprecher des Gedichts sei identisch mit der Dichterin bzw. dem Dichter, hat sich im 20. Jahrhundert der Begriff des **lyrischen Ichs** durchgesetzt.

Es handelt sich um eine Hilfskonstruktion für die **Beschreibung der Sprecherinstanz**, die Gedanken, Gefühle, Eindrücke oder Erfahrungen artikuliert – unabhängig davon, ob dieses **Ich explizit auftritt oder nur als Stimme** wahrzunehmen ist. Das lyrische Ich kann sich mittels des Gebrauchs der 1. Person Plural als Teil einer **Gruppe** darstellen.

Vers

Wie bereits oben erläutert, stellt die Einteilung in Verse das Hauptmerkmal lyrischer Texte dar. Vereinfacht ausgedrückt, ist ein Vers meist kürzer als eine durchschnittliche Druckzeile. Hilfreicher aber als dieser formale Aspekt ist die Tatsache, dass der **Vers als Sprecheinheit** von der alltagssprachlichen Artikulation abweicht. Der Vers rhythmisiert das Gesagte, indem Pausen gesetzt werden, syntaktische Einheiten in den Hintergrund rücken und Wörter in ihrer Versanordnung, zum Beispiel am Versanfang oder Versende, besonderes Gewicht erhalten. Dabei ist der Vers eher von seiner Lautgestalt bestimmt, die Druckgestalt folgt diesem Anspruch. Die Neurobiologie zeigt: Eine Verszeile entspricht der optimalen Aufmerksamkeitsspanne (3 Sekunden), die Dichtung nutzt also ein intuitives Wissen.

Daraus folgt, dass eine Versstruktur nicht unbedingt einer Satzstruktur entspricht. Folgende Anordnungen lassen sich unterscheiden:

- **Zeilenstil:** Hierbei fallen das Ende des Satzes und des Verses zusammen, der Vers endet also mit einer Zäsur (Einschnitt).
- **Enjambement:** Ein Satz wird im nächsten Vers fortgesetzt, überspringt also das Ende des Verses (Zeilensprung).
- **Hakenstil:** Häufen sich die Enjambements in einem Gedicht, dann liegt ein Hakenstil vor, da die Verse durch die Zeilensprünge miteinander verhakt werden.

Versmaß

Das Versmaß erzeugt die **Rhythmisierung des lyrischen Sprechens**. Die Lehre vom Versmaß nennt man auch **Metrik**. Sie orientiert sich im Deutschen vor allem am Prinzip des **Wechsels (Alternation) von betonten und unbetonten Silben**. Die betonten Silben bezeichnet man in der Abfolge der Verse als **Hebung** (gekennzeichnet mit X), **die unbetonte Silbe** als **Senkung** (gekennzeichnet mit ∪). In der Metrik nennt man die kleinste Einheit der regelmäßigen Alternation **Versfuß**. Die Kombination von Versfüßen in der gesamten Verszeile wird als **Versmaß** bezeichnet. Mit dem Begriff des **Metrums** ist im engeren Sinne der Versfuß, im weiteren das Versmaß gemeint.

Lässt sich eine feste, regelmäßige Abfolge von Hebungen und Senkungen erkennen, dann liegt eine der vier Metrumsarten vor: Jambus, Trochäus, Daktylus oder Anapäst (und seltener Spondäus[4]).

4 Spondäus: betont-betont (X X), z. B. bei dem Wort „péchschwárz“

Versfuß	Silbenabfolge	Kennzeichnung	Beispiel
Jambus	unbetont – betont	U X	Ge-dícht
Trochäus	betont – unbetont	X U	Áu-tor
Anapäst	2 unbetont – 1 betont	U U X	A-na-pä́st
Daktylus	1 betont – 2 unbetont	X U U	Dák-ty-lus

Bei der metrischen Bestimmung zählt man die Anzahl der Hebungen. So spricht man in der letzten Strophe in Theodor Storms Gedicht „Die Stadt" beispielsweise von einem drei- und vierhebigen oder einfach von einem mehrhebigen Jambus.

Doch hängt mein ganzes Herz an dir,	U X U X U X U X
Du graue Stadt am Meer;	U X U X U X
Der Jugend Zauber für und für	U X U X U X U X
Ruht lächelnd doch auf dir, auf dir,	U X U X U X U X
Du graue Stadt am Meer.	U X U X U X

Zur Überprüfung, ob das Versmaß richtig bestimmt wurde, bietet sich beim Üben der *Metricalizer (https://metricalizer.de)* an. Man kopiert das Gedicht in ein Textfeld und erhält die metrische Bestimmung.

Auftakt und Kadenz

Besondere Aufmerksamkeit innerhalb der metrischen Bestimmung erhalten die Gestaltungen von Versanfang und Versende. Mit dem Begriff des **Auftakts** werden die unbetonten Silben vor der ersten Hebung eines Verses bezeichnet. Mit dem Begriff der **Kadenz** ist die metrische Form des Versendes (betonte oder unbetonte Silbe) gemeint. Für die Kadenzen gibt es unterschiedliche Bezeichnungen:

Art der Kadenz	Erklärung	Beispiel
Stumpfe oder auch **männliche Kadenz**	Die letzte Silbe eines Verses ist betont.	„Du graue Stadt am Meer"
Klingende oder auch **weibliche Kadenz**	Die letzte Silbe eines Verses ist unbetont.	„Gedichte sind gemalte Fensterscheiben"

Strophenbau

Die nächsthöhere metrische Einheit nach dem Vers wird als **Strophe** bezeichnet. Geht eine syntaktische Einheit über eine Strophe hinaus, so nennt man dies **Strophensprung**. Gedichte können einstrophig oder mehrstrophig gebaut sein. Die kleinste Strophenform ist der Doppelvers (Distichon). Einige Gedichtarten weisen eine feste gleich- oder gemischtstrophige Anordnung auf, so zum Beispiel das

Sonett (s. u.), das aus zwei Vierversern (Quartette) und zwei Dreiversern (Terzette) gebildet ist. Lieder hingegen bestehen meist aus gleich aufgebauten Strophen.

Reim

Für die klangliche Wirkung eines Gedichts ist neben dem Versmaß in besonderer Weise auch die Reimgestaltung verantwortlich. Unter einem Reim versteht man den teilweisen **Gleichklang** von mindestens zwei Wörtern. Reimen sich Vokale und Konsonanten vom letzten betonten Vokal an, so liegt ein **reiner Reim** vor (z. B. singen – schlingen). Liegt dagegen nur ein annähernder Gleichklang vor, so spricht man von einem **unreinen Reim** (z. B. Gemüt – Lied).

Der Reim kann an unterschiedlichen Stellen der Verse auftreten, als …

- **Anfangsreim:** Die ersten Wörter zweier aufeinanderfolgender Verse reimen sich.
- **Binnenreim:** Mehrere Wörter innerhalb eines Verses (oder mehrerer Verse) reimen sich.
- **Endreim:** Die letzten Wörter aufeinanderfolgender Verse reimen sich.

Beim Endreim können verschiedene Anordnungen unterschieden werden:

Art des Reims	Reimschema
Paarreim	aabb
Kreuzreim	abab
Umschließender oder **umarmender Reim**	abba
Schweifreim	aabccb
Haufenreim	aaaabbbb
Verschränkter Reim	abc abc
Kettenreim	aba bcb cdc

Bleibt ein Versende reimlos, so bezeichnet man dies als **Waise**. Zum Reim im weiteren Sinne gehört auch die **Assonanz**. Davon spricht man, wenn benachbarte Wörter aufgrund der Häufung gleicher Vokale (a, e, i, o, u) ähnlich klingen. Das ist beispielsweise bei der folgenden Wortfolge der Fall: warten – bald. Eine besondere klangliche Wirkung kann es entfalten, wenn in einem Vers oder einer Versgruppe dunkle (a, o, u) oder helle Vokale (e, i) gehäuft auftreten.

Klassifizierung von Gedichten

Die Lyrik weist eine beachtliche Formenvielfalt auf. Um diese zumindest ansatzweise zu erfassen, bietet sich eine Einteilung hinsichtlich der inhaltlichen Ausrichtung oder formalen Gestaltung an.

Gedichte nach inhaltlich-thematischer Bestimmung	
Alltagslyrik	Betrachtung der im täglichen Leben erfahrenen Wirklichkeit und der Menschen in ihr
Erlebnislyrik	Subjektive Darstellung des Erlebens einer Situation
Gedankenlyrik	Darstellung der Reflexion über den Menschen und seine Welt
Liebeslyrik	Thematisierung des Erlebens einer Liebe(sbeziehung)
Naturlyrik	Verarbeitung der Erfahrungen der natürlichen Umwelt und der menschlichen Beziehungen zu ihr; häufig mit Konzentration auf bestimmte Motive (z. B. Baum, Mond)
Poetologische Lyrik	Gedichte über Lyrik; Selbstreflexion des Dichters oder der Dichterin über sein bzw. ihr Tun
Politische Lyrik	Literarische Positionierung zu zeitgenössischen gesellschaftlichen Problemen und Missständen, um ggf. auf Veränderungen hinzuwirken
Rollenlyrik	Gedichte, bei denen das lyrische Ich aus Sicht einer typisierten Figur (z. B. eines Wächters oder einer höfischen Dame) spricht
Gedichte nach formaler Bestimmung	
Ballade	Handlungsgeladene, meist längere Gedichtform, die Gestaltungsmittel der Lyrik, des Dramas und der Epik miteinander kombiniert
Elegie	Inhaltlich ein Trauer- und Klagegedicht mit einer weit in die antike Dichtkunst zurückreichenden Tradition
Hymne	Feierlicher, im übersteigerten Gefühlston vorgebrachter Lobpreis auf Götter, Fürsten, Helden oder auch Ideale; keine feste Form, oft aber in freien Rhythmen verfasst; Mythologie, Reise, Natur als häufige Motive
Lied	Einfach gebautes, singbares Gedicht mit strophischer Gliederung und relativ kurzen Versen; häufig mit Reimbindungen; Unterbrechung der Strophen durch einen Refrain
Ode	Meist reimlose, strophisch aufgebaute, strenge Gedichtform in gehobenem pathetischen Stil
Sonett	Gedicht mit fester Bauform; bestehend aus 14 Versen; aufgeteilt in zwei Quartette (meist mit Paarreim) und zwei Terzette (mit unterschiedlicher Reimanordnung); häufig gedankliche Zäsur beim Wechsel der Strophenformen

3 Inhaltsfeld 3: Kommunikation – Modelle, Gesprächsanalyse

„Kommunikation“ ist ein Begriff, der gar nicht so leicht zu erklären ist. Im Bereich der schulischen Auseinandersetzung werden vor allem **Funktion und Zweck von Kommunikation** als eine zentrale Aufgabe von Sprache untersucht.

Die Fragestellung „Warum gelingt oder misslingt eine Kommunikation?“ ist dabei von wesentlicher Bedeutung. Unter diesem Blickwinkel werden einzelne Äußerungen, aber auch ganze Gespräche untersucht. In diesem Zusammenhang wird ein besonderes Augenmerk auf „**Kommunikationsmodelle**“ gelegt, also Theorien, die – vereinfacht ausgedrückt – die Übermittlung von Botschaften zwischen Sprechern/„Sendern“ und (Zu-)Hörenden/„Empfängern“ darstellen.

Die in der Einführungsphase in diesem Bereich zu erwerbenden Kompetenzen sind:

- Kommunikationsprozesse aus Alltagssituationen anhand zweier unterschiedlicher Kommunikationsmodelle erläutern,
- Kommunikationsstörungen bzw. die Voraussetzungen für gelingende Kommunikation […] identifizieren[5].

Drei Kommunikationsmodelle finden sich besonders häufig in den Deutschbüchern der Oberstufe:

3.1 Das Organon-Modell von Karl Bühler

Im „**Organon-Modell**“ **aus dem Jahr 1934** stellt **Karl Bühler** (1879–1963) fest, dass drei Elemente bei der Kommunikation miteinander in Beziehung stehen: Sender, Empfänger und Gegenstände bzw. Sachverhalte der umgebenden Welt. Je nachdem, auf wen beziehungsweise was sich das sprachliche Zeichen besonders bezieht, ist eine Funktion hervorgehoben: die Ausdrucksfunktion (Sender), die Appellfunktion (Empfänger) oder die Darstellungsfunktion (Sachverhalt). Diese Grundfunktionen lassen sich auch auf die Funktion von Sachtexten übertragen.

5 Vgl. KLP, S. 22 f.

Organon-Modell von K. Bühler

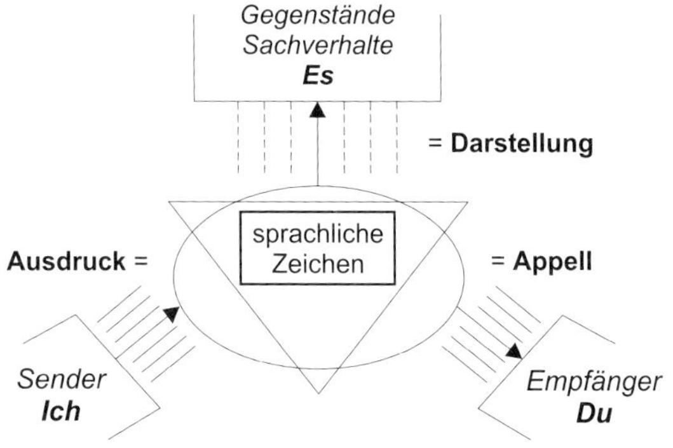

Quelle: nach Karl Bühler: Sprachtheorie: Die Darstellungsfunktion der Sprache. Jena: G. Fischer 1934

3.2 Paul Watzlawicks Kommunikationstheorie

1967 legte der Psychotherapeut **Paul Watzlawick** (1921–2007) eine einflussreiche Theorie menschlicher Kommunikation vor, die aus **fünf Axiomen** (Grundsätze, die man nicht beweisen muss) besteht. Diese lauten verkürzt:

1. Man kann nicht nicht kommunizieren.
2. Jede Kommunikation hat einen Inhalts- und einen Beziehungsaspekt.
3. Die Natur einer Beziehung ist durch die Interpunktion der Kommunikationsabläufe seitens der Partner bestimmt.
4. Menschliche Kommunikation besteht aus digitalen und analogen Modalitäten.
5. Menschliche Kommunikation ist entweder symmetrisch (gleichwertig) oder komplementär (ergänzend), je nachdem ob die Beziehung der miteinander Kommunizierenden auf Gleichheit oder Unterschiedlichkeit beruht.

Quelle: Paul Watzlawick: Menschliche Kommunikation. Formen, Störungen, Paradoxien. Bern: Huber 1969

Auch Paul Watzlawick zeigt, dass Kommunikation mehr ist als der Austausch von sprachlichen Zeichen. So können sich Menschen in der Gesellschaft gar nicht der Kommunikation entziehen, auch Schweigen sei beispielsweise eine Form von Kommunikation (**1**).

Mit allem, was Menschen sagen, wird nicht nur ein Inhalt vermittelt, sondern gleichzeitig auch ihre Beziehung zueinander deutlich. Dies bedingt wiederum, wie der Inhalt zu verstehen ist (**2**).

Des Weiteren ist menschliche Kommunikation davon bestimmt, wie Menschen ihre Wirklichkeit aufgrund von eigenen Erfahrungen wahrnehmen. Dabei können zwei Gesprächspartner die Wirklichkeit unterschiedlich einschätzen und verschiedener Auffassung darüber sein, was in einer Kommunikation Ursache und was Wirkung ist. Sie werden dann eine andere „Interpunktion" setzen, also beispielsweise die Ursache für einen Konflikt an einer anderen Stelle sehen. Ein berühmtes Beispiel sei ein Streit zwischen Partnern: Partner A nörgelt an Partner B herum, der sich daraufhin zurückzieht. Partner A denkt, dass er nörgele, weil B sich zurückzieht. Partner B dagegen meint, er ziehe sich als Reaktion auf das Nörgeln von A zurück. Beide Partner „interpunktieren" den Rückzug also vollkommen unterschiedlich (**3**).

Menschen tauschen sich nicht nur verbal kommunikativ aus (digital), sondern auch Mimik, Gestik, Körpersprache, Tonfall u. Ä. beeinflussen das Gesagte (analog). Gut erkennbar ist dies, wenn digitale und analoge Kommunikationsmodalitäten einander widersprechen. Dies kann zu Verständnisproblemen führen, so z. B. wenn ein Sprecher lacht und gleichzeitig eine Drohung ausstößt (**4**).

Schließlich wird Kommunikation davon beeinflusst, welchen Status die Gesprächspartner haben, ob sie auf Augenhöhe kommunizieren oder ob einer dem anderen überlegen ist (**5**).

3.3 Friedemann Schulz von Thuns Kommunikationsquadrat

Der „modernste" Kommunikationstheoretiker ist **Friedemann Schulz von Thun** (geb. 1944), der seine Theorie in einem „Kommunikationsquadrat" zusammenfasst. Man nennt es auch das **Modell von den vier Seiten einer Nachricht**.
Schulz von Thun erläutert: „Wenn ich als Mensch etwas von mir gebe, bin ich auf vierfache Weise wirksam. Jede meiner Äußerungen enthält, ob ich will oder nicht, vier Botschaften gleichzeitig:

- eine **Sachinformation** (worüber ich informiere),
- eine **Selbstkundgabe** (was ich von mir zu erkennen gebe),
- einen **Beziehungshinweis** (was ich von dir halte und wie ich zu dir stehe),
- einen **Appell** (was ich bei dir erreichen möchte)."[6]

6 http://www.schulz-von-thun.de/mod-komquad.html#bezieh

In folgender Grafik illustriert er sein Kommunikationsmodell:

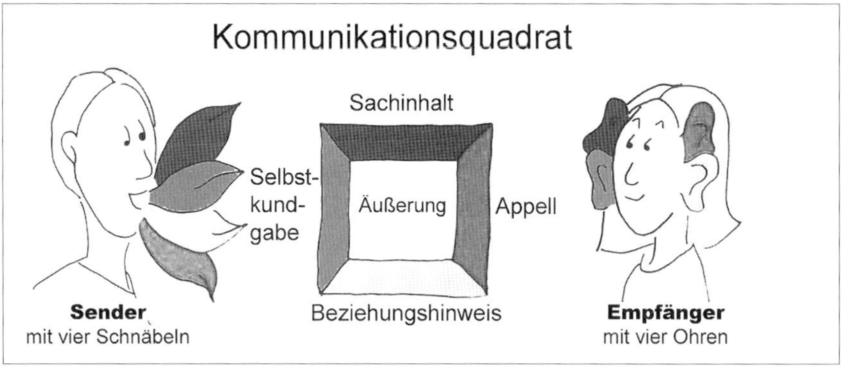

Quelle: Prof. Dr. F. Schulz von Thun: Das Kommunikationsquadrat, www.schulz-von-thun.de/mod-komquad.html

Jeder Äußerung sind beim Sender vier „Münder" zugeordnet, beim Empfänger vier „Ohren". Ob eine Kommunikation gelinge oder nicht, hänge also vom Zusammenspiel dieser vier „Münder" und „Ohren" ab.

3.4 Gesprächsanalyse

Eng mit den Kommunikationsmodellen ist die **Gesprächsanalyse** verknüpft. Untersucht man Dialoge mithilfe von Kommunikationsmodellen, so wird der Blick sehr genau auf die einzelnen sprachlichen Äußerungen gelenkt. Die Gesprächsanalyse nimmt die gesamte Gesprächssituation in ihrem Ablauf unter die Lupe. Ziel einer Gesprächsanalyse ist es, das sprachliche Miteinander der Menschen zu erfassen und zu erforschen, um daraus ggf. Schlussfolgerungen zu ziehen, wie man Gespräche/Kommunikation verbessern kann, sei es im schulischen, beruflichen, aber auch im privaten Alltag.

Als zu erwerbende Kompetenz wird im Kernlehrplan formuliert, dass Sie „Gesprächsbeiträge und Gesprächsverhalten kriterienorientiert analysieren"[7] können.

Wenn Sie in der Zentralen Klausur ein Gespräch analysieren sollen, können Ihnen die folgenden Fragen zu den einzelnen Untersuchungsaspekten weiterhelfen:

- **Gesprächssituation:** Wer spricht mit wem? Wo, wann und aus welchem Anlass findet das Gespräch statt? Ist es privat oder öffentlich?
- **Gesprächsinhalte:** Worum (um welche Themen) geht es in dem Gespräch? Um welche Art von Gespräch handelt es sich?

7 KLP, S. 22.

- **Gesprächsverlauf:** Wie entwickelt sich das Gespräch? Wie ist die Verteilung der Redeanteile der Gesprächspartner? Wie ist/entwickelt sich ihre Beziehung? Wie ist das nonverbale (Mimik, Gestik, Körpersprache) oder paraverbale Gesprächsverhalten (Lautstärke, Sprechtempo, Sprachmelodie)? Gibt es Störungen? Reden die Teilnehmer miteinander oder aneinander vorbei? Zu welchem Ergebnis kommt das Gespräch?
- **Gesprächsgestaltung:** Welche Sprachebene (Umgangssprache, Hochsprache etc.) benutzen die Gesprächsteilnehmer? Verwenden sie spezifische Ausdrucksformen?

Beispiele für die Ausdruckskraft von Gesten

(links: © Deutscher Bundestag/Henning Schacht; rechts: Deutscher Bundestag/Xander Heinl/photothek; unten: Deutscher Bundestag/Press Office of the President of Ukraine)

Diese Ausführungen zu den drei Inhaltsfeldern zeigen auf, wie vielschichtig und umfangreich das Wissen zu den verbindlichen fachlichen Rahmenbedingungen ist. Sie ersetzen nicht die eigenständige gründliche Einarbeitung, sondern stecken vielmehr den Rahmen der zu leistenden Vorbereitung ab: So müssen die Modelle, Vorgehensweisen etc. verstanden und angewandt, Texte über Sprachentwicklung gelesen und bearbeitet werden.

4 Inhaltsfeld 4: Medien – Digitale Medien und ihr Einfluss auf Kommunikation

4.1 Kommunikation und Medien

Der Begriff „**Kommunikation**" stammt aus dem Lateinischen „communicare" und heißt übersetzt so viel wie „jemanden etwas mitteilen, sich besprechen". Kommunikation meint also vereinfacht ausgedrückt, dass ein **Inhalt** in Form von (sprachlichen) Zeichen von einem **Sender** (Sprecher, Schreiber) an einen **Empfänger** übermittelt wird.

In der Face-to-face-Kommunikation befinden sich Sender und Empfänger in direktem Kontakt, sehen und hören sich im Regelfall. Im Zeitalter der Mediatisierung und Digitalisierung verändert sich die Kommunikation auf revolutionäre

Weise, da der **Einsatz digitaler Medien neue Formen von Kommunikation** eröffnet. So sind beispielsweise Personen durch einen Videochat verbunden, sehen und hören sich, obwohl sie Hunderte oder Tausende Kilometer voneinander entfernt sind. Dennoch gibt es Unterschiede zur direkten Face-to-face-Kommunikation, da die anderen Sinne (neben dem Hören und Sehen) nicht bedient werden. So können sich die Interagierenden beispielsweise nicht berühren, vielleicht um mit Handauflegen Trost zu spenden, oder sich nicht riechen (im direkten oder übertragenen Sinn des Wortes).

Auch das Wort „**Medium**" leitet sich aus dem Lateinischen ab und bezeichnet „die Mitte", das „Mittlere". Unter digitalen Medien, auch „**neue Medien**" genannt, versteht man die **Medien, denen Informations- und Kommunikationstechnik zugrunde liegt**, hier besonders das Internet. Man bezeichnet mit diesem Begriff **auch die technischen Geräte**, die Inhalte digitaler Art aufzeichnen, speichern, verarbeiten und verbreiten usw.

Vorsicht: Nicht zu verwechseln ist der Begriff mit „digitaler Kommunikation", so wie ihn der Philosoph, Psychotherapeut und Kommunikationswissenschaftler Paul Watzlawick (1921–2007) im vierten Axiom seiner Kommunikationstheorie darlegt (s. S. 45 f.)

Mithilfe digitaler Medien und also auch der entsprechenden Endgeräte wie Computer, Tablets und Smartphones ist eine Vielzahl von Kommunikationssituationen möglich, sowohl auf **interpersonaler Ebene** (wie bei WhatsApp oder ähnlichen Messenger-Apps) oder auf der Ebene von **Massenkommunikation** – und dies mit fließenden Übergängen wie zum Beispiel im Gruppenchat.

4.2 Medientheorie im Zeitalter der Massenkommunikation

„Understanding Media" (1964), eine Studie über Medientheorie, zählt zu McLuhans bekanntesten Werken.
Bettmann/Getty Images

Ein führender Medientheoretiker des Zeitalters der Massenkommunikation war **Marshall McLuhan** (1911–1980), ein kanadischer Kommunikationswissenschaftler. Auf ihn geht der Begriff ***extensions of man*** zurück, wonach **Medien als**

künstliche Erweiterung des Körpers zu verstehen sind – eine Idee, die sich heute in der Nutzung von 3D-Brillen zur Erzeugung einer *virtual reality* zeigt. In seinem Grundlagenwerk „Understanding media" fordert McLuhan, dass nicht in erster Linie die über Medien verbreiteten Inhalte wissenschaftlich untersucht werden sollen, sondern vor allem das **Medium** selbst. Dieses habe ebenso einen **entscheidenden Einfluss auf die Rezipienten**, der sogar die Wirkung des Inhalts übersteigen könne. Daher meint McLuhan: „**Das Medium ist die Botschaft.**" Dieser Ansatz hatte zur Folge, dass erstmals die Präsentation, die Inszenierung und Gestaltung der Inhalte bei der Auseinandersetzung mit Medien und ihrem Einfluss auf die Kommunikation betrachtet wurden. Was das in Bezug auf die heutige Mediennutzung bedeutet, zeigt sich an Online-Diensten wie **Instagram**, die zum Teilen und Posten von Fotos und Videos genutzt werden. Die geteilten Inhalte sind häufig banaler Natur, man postet sein Essen im Restaurant, Reisebilder, aber die Teilhabe an Instagram drückt ein modernes Lebensgefühl aus und führt zur geschönten **Inszenierung der eigenen Lebenswelt**. So ist das Begriff *instagrammable* inzwischen in den allgemeinen Wortschatz aufgenommen worden, um auszudrücken, dass ein Motiv gut genug ist, um auf Instagram gepostet zu werden. Nicht selten liegen manipulierte Situationen vor, wie beispielsweise Bilder einer traumhaft schönen einsamen Meereslandschaft – man sieht aber nicht die vielen Menschen, die sich in Wahrheit am Strand tummeln.

Auch der Begriff des ***global village*** geht auf McLuhan zurück. Der Begriff hat inzwischen Einzug in den allgemeinen Sprachgebrauch gehalten und steht metaphorisch für ein paradox erscheinendes Phänomen. Auf der einen Seite kommt es durch das Internet zu einer **Zusammenführung des Fernen** (z. B. in sozialen Netzwerken). Zum anderen ermöglicht es die **Auslagerung des Nahen** (z. B. im Outsourcing, also die Auslagerung von Firmenaufgaben an externe Dienstleister).

4.3 Schriftliche und mündliche Kommunikationsformen

Traditionell wird Kommunikation in **schriftliche** (z. B. Brief) **und mündliche Formen** (z. B. Gespräch) eingeteilt. Diese **klare Trennung** zwischen Schriftlichkeit (Literalität) und Mündlichkeit (Oralität) ist aber im Zeitalter der computerbasierten Kommunikation so **nicht mehr möglich**.

Neue technische Kommunikationsformen führen zu einer neuen Struktur in der schriftbasierten Netzkommmunikation, die von Koch und Oesterreicher in ihrem **Modell zu medialer/konzeptioneller Mündlichkeit/Schriftlichkeit** bereits 1985, also noch vor der revolutionären Veränderung durch die Neuen Medien, beschrieben wurde. Betrachtet man die **Übermittlungsebene**, dann sind Äußerungsformen entweder medial mündlich wie das Telefonat oder schriftlich wie ein Zeitungsbericht. Legt man die **Gestaltungsebene** zugrunde, sind sie entweder konzeptionell mündlich wie beim Liebesbrief oder schriftlich wie bei einem wissenschaftlichen Forschungsbericht. Hier allerdings liegt ein fließender Übergang vor: ein Essay kann zur rhetorischen Gestaltung auch konzeptionell mündliche Anteile enthalten sowie der Privatbrief auch sehr förmlich gestaltet sein kann.

	konzeptionell mündlich („gesprochen") → *fließender Übergang/Kontinuum*	→ konzeptionell schriftlich („geschrieben")
medial mündlich (phonisch) ↕ *gegensätzliche Pole*	Telefongespräch	Vortrag
medial schriftlich (grafisch)	Chat	Essay

Die Einordnung der Äußerung erfolgt aufgrund der **Kommunikationssituation**, in der sie realisiert wird. Denkt man beispielsweise an die Diktierfunktionen von Messenger-Diensten, so leuchtet sofort ein, dass sich die verschiedenen Kategorien durchmischt finden. Die **Kategorien von Nähe und Distanz** beeinflussen dabei auf maßgebliche Art und Weise die Gestaltung der Kommunikationssituation. So gehören zur Nähe eine eher dialogische Struktur mit Face-to-face-Situationen, Privatsphäre, Vertrautheit, Emotionalität oder Spontaneität. Zur Distanz dagegen zählen Koch/Oesterreicher beispielsweise die Fremdheit der Kommunizierenden, reflektierte und geplante Äußerungen mit größerem Informationsgehalt oder Interaktion im öffentlichen Raum.

Gerade diese Bedingungen von Nähe und Distanz sind für mediale Kommunikationssituationen von hoher Bedeutung. Eine **verletzende Äußerung** kann **in der Face-to-face-Kommunikation gemildert** werden, weil sie durch entsprechende Mimik oder Gestik relativiert wird oder angesichts der gekränkten Reaktion des Gegenübers zurückgenommen, erklärt oder verändert werden kann. In der medial gestützten Kommunikation fehlt diese Dimension. Aufgrund der **Distanz** sind User eher bereit, **verletzende Botschaften** zu senden, wie das Phänomen der *Hate Speech* nur allzu sehr verdeutlicht. Zwar bietet auch die digitale Kommunikation Möglichkeiten der **Kodierung von Emotionen**, z. B. durch grafische Gestaltungsmittel (Fettdruck zum Ausdruck von Gereiztheit), Abkürzungen (LOL) oder Emoticons und Emojis; deren **Dekodierung ist aber fehleranfällig**.

4.4 Kommunikation im Zeitalter des Web 2.0

Digitale Kommunikationssituationen sind seit dem Zeitalter des Web 2.0 oder von *Social Media* u. a. von **Partizipation, Interaktivität und Virtualität** geprägt. Im Gegensatz zum Web 1.0, das eher durch eine passive Nutzung des Internets geprägt war, wird der Nutzer zum sogenannten **Prosumenten**, der selbst **Inhalte zur Verfügung stellt** und sich in Kommunikationssituationen bewusst einbringt. Der User ruft beispielsweise nicht nur Inhalte in einem Wiki ab, er stellt auch selbst welche ein; er liest nicht nur Tweets, sondern setzt selbst welche ab. Daneben bietet das Internet zahlreiche Möglichkeiten des **Spiels mit Identitäten** (so auch Avatare) bis hin zur **Anonymisierung** und schließlich zu **Chat-Bots**. Der Nutzer kennt ggf. seinen virtuellen Kommunikationspartner nicht. Vielleicht kommuniziert er mit einem Bot, der über eine Software in der Lage ist, menschliches Gesprächsverhalten zu imitieren. Der User merkt nicht unbedingt, dass er eigentlich mit einer „Maschine" kommuniziert. Auch **Trolle** beeinflussen in hohem Maße die Diskussion in Foren, Chats o. Ä. Diese Ausprägungen führen zu Unsicherheit und Manipulation.

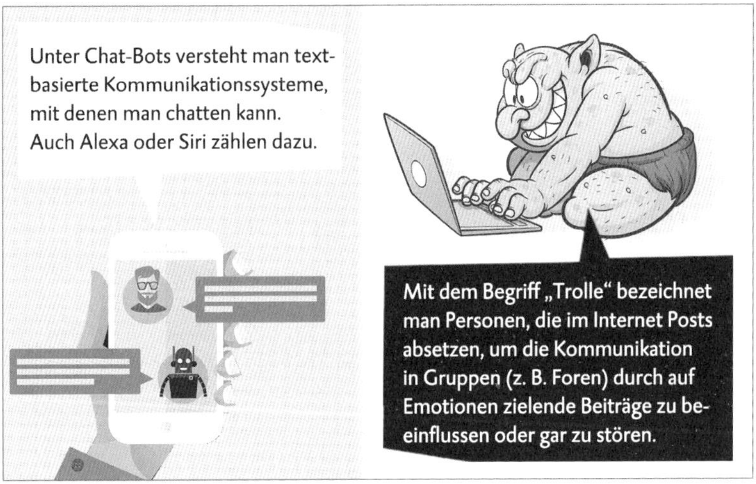

Abb. links: © Iryna Sunrise. Shutterstock; Abb. rechts: © memoangeles. 123rf.com

Der Umgang mit digitaler Kommunikation führt auch zur Reflexion über das **Kommunikationsverhalten in realen Situationen**. So steigt das Bewusstsein der **Störung** durch die steigende Nutzung kleiner digitaler Endgeräte. Zwar wird das Smartphone **durchaus kommunikationsförderlich** in Gespräche eingebunden (man zeigt dem Gesprächspartner ein Bild, einen Chatverlauf, woraus sich ggf. ein neues Gesprächsthema entwickelt). Vielfach wird aber auch beklagt, dass durch das **Starren auf das Handydisplay**, um noch einen Post abzusetzen oder eine

WhatsApp-Nachricht zu schreiben, das Gespräch unterbrochen, gestört oder gar ganz verhindert wird. Folglich spricht man inzwischen von der **Notwendigkeit einer „Kommunikette 2.0"** (Freyermuth, in Anlehnung an Netiquette). Für junge Menschen unter 25 Jahren ist aber „Onlinesein", das aufgrund erschwinglicher Flatrates und mobiler Geräte ein Normalzustand ist, ein integraler Bestandteil des eigenen Lebens. Digitale Medien ermöglichen es, **durchgängig mit Freunden oder der Familie verbunden zu sein** und zu kommunizieren. Das führt auch zu einer ständigen Bereitschaft, Nachrichten zu empfangen und zu senden. Medienkritische Vertreter warnen vor dem **Phänomen des „alone together"** beim **„life on the screen"** *(Sherry Turkle)* und sehen eher den Qualitätsverlust bei Netzkommunikation, beispielhaft illustriert am Videochat: Entweder sieht man in die Kamera oder auf das Gesicht des Gesprächspartners; beides gleichzeitig geht nicht. Der wechselseitige Blickkontakt, der zur Verständigung immens wichtig ist, bleibt so aus.[8]

Social Media bieten also ein hohes Potenzial an **Teilhabe sowohl an privater als auch öffentlicher Kommunikation** – wobei auch hier die Grenzen fließend sein können. Diese Partizipation beinhaltet viele Kontakt-, Einfluss- und Gestaltungsmöglichkeiten. Dennoch ist zugleich die Aufforderung damit verbunden, die veränderten Kommunikationsbedingungen zu reflektieren und **sozialverträgliche Kommunikationsregeln** auch im World-Wide-Web zu entwickeln und umzusetzen.

8 Beispiel zitiert nach Frederking, Volker; Krommer, Axel; Maiwald, Klaus: Mediendidaktik Deutsch. Berlin: Schmidt, 2018, S. 293.

ÜBUNGSAUFGABEN

NRW – Zentrale Klausur am Ende der Einführungsphase der gymnasialen Oberstufe – Übungsaufgabe I

Inhaltsfeld 2:	*Texte*
Inhaltlicher Schwerpunkt:	*lyrische Texte in einem thematischen Zusammenhang – Naturlyrik*
Aufgabenart I a:	*Analyse eines literarischen Textes*

Aufgabenstellung:

Interpretieren Sie das vorliegende Gedicht, indem Sie

- dessen Thema nennen sowie den Inhalt unter Einbezug des Textaufbaus wiedergeben und in Beziehung zur formalen Gestaltung setzen,
- die Darstellung des Naturzustands unter Berücksichtigung der sprachlichen Gestaltungsmittel untersuchen,
- den Text unter Beachtung der Rolle des Sprechers zusammenfassend deuten.

Hans Magnus Enzensberger[1] (*1929)

Das Ende der Eulen (1960)

ich spreche von euerm nicht
ich spreche vom ende der eulen,
ich spreche von butt[2] und wal
in ihrem dunklen haus,
dem siebenfältigen meer,
von den gletschern,
sie werden kalben[3] zu früh,
rab und taube, gefiederten zeugen
von allem was lebt in den lüften
und wäldern, und den flechten im kies,
vom weglosen selbst, und vom grauen moor
und den leeren gebirgen.

auf radarschirmen leuchtend
zum letzten mal, ausgewertet
auf meldetischen, von antennen
tödlich befingert floridas sümpfe
und das sibirische eis, tier
und schilf und schiefer erwürgt
von warnketten, umzingelt
vom letzten manöver, arglos
unter schwebenden feuerglocken,
im ticken des ernstfalls.

wir sind schon vergessen,
sorgt euch nicht um die waisen,
aus dem sinn schlagt euch
die mündelsichern[4] gefühle.
den ruhm, die rostfreien psalmen[5].
ich spreche nicht mehr von euch,
planern der spurlosen tat,
und von mir nicht, von keinem.
ich spreche von dem was nicht spricht,
von den sprachlosen zeugen,
von ottern und robben,
von den alten eulen der erde.

Aus: Hans Magnus Enzensberger, Landessprache. Gedichte. © Suhrkamp Verlag Frankfurt a. M. 1960. Alle Rechte bei und vorbehalten durch Suhrkamp Verlag Berlin

Anmerkungen:

1 Hans Magnus Enzensberger lebt seit 1957 als freier Schriftsteller. Das Gedicht „Das Ende der Eulen“ entstand 1960.

2 *butt:* Kurzbezeichnung für Plattfische wie Scholle oder Steinbutt

3 *kalben:* Abbrechen von Gletscherkanten, die ins Meer oder in Seen ragen

4 *mündelsicher:* Bezeichnung für Geldanlagen, die als besonders sicher eingestuft sind

5 *Psalmen:* religiöse Lieder im Alten Testament

Schritt für Schritt zur Lösung

Klären Sie die Anforderungen der Aufgabenstellung.

1. Phase

Was genau wird von mir verlangt?

Der Operator „Interpretieren" verlangt von Ihnen, auf der Grundlage einer Analyse zu einer Deutung des Textes zu gelangen. Aus der Aufgabenstellung geht hervor, welche Analyseaspekte dabei zu setzen sind und in welcher Reihenfolge sie behandelt werden sollen. Bei der Untersuchung des Gedichts kommt es darauf an, Bezüge zwischen verschiedenen Ebenen des Textes herzustellen (Inhalt, Form und Sprache). Basierend auf dieser analytischen Arbeit werden Schlussfolgerungen formuliert, die zu einem möglichst umfassenden Textverständnis führen sollen. In diesem Zuge sollen Sie, wie in der Aufgabenstellung gefordert, auch auf die Rolle des Sprechers im Gedicht eingehen.

Erschließen Sie den Text.

2. Phase

Welche Aspekte muss ich bei der Analyse untersuchen?

1. Mögliche Fragen an den Text zur Durchdringung des Inhalts:
   - Warum spricht das lyrische Ich vom „Ende der Eulen"?
   - Warum will es nicht mehr von „uns", von „sich" sprechen?
   - Wen klagt es an?
   - Vor wem werden die „sprachlosen zeugen" ihr Zeugnis ablegen?
   - Ist „Das Ende der Eulen" ein politisches Gedicht?
   - Kann man noch etwas tun?

2. Form des Gedichts: Inhalt und Aufbau, Reim und Rhythmus

   1. Strophe
   Nennung des Themas bzw. Titels; es folgt eine Aufzählung verschiedener Tiere, Pflanzen und Naturgegebenheiten

   2. Strophe
   Was mit der Natur geschieht: Beschreibung von bedrohlichen, tödlichen Ereignissen

   3. Strophe
   - Die Rolle bzw. Zukunft des Menschen
   - Rückkehr und thematische Anknüpfung an die 1. Strophe: Vorgreifen auf den zukünftigen Untergang
   - Die selbstauferlegte Aufgabe des lyrischen Sprechers: die Fürsprache für alles Lebendige, das keine für den Menschen vernehmbare Sprache hat

   Reim/Rhythmus: freie Rhythmen ohne Reim

3. **Stil des Gedichts:** Wortfelder, Satzbau und Stilfiguren

Wortfelder

Wortfeld „Ende"/„Tod"	– V. 2: ende der eulen – V. 14: zum letzten mal – V. 16: tödlich befingert – V. 18: erwürgt – V. 20: letzten manöver – V. 24: die waisen
Wortfeld „Leben"	– V. 7: kalben – V. 9: was lebt – V. 13: leuchtend
Wortfeld „Gefahr"	– V. 7: zu früh – V. 19: warnketten – V. 20: arglos – V. 22: ticken des ernstfalls
Wortfeld „Verbrechen"/„Gericht"	– V. 8: gefiederten zeugen – V. 29: planern der spurlosen tat – V. 32: sprachlosen zeugen
Wortfeld „Bericht"	– V. 1, 2, 3, 28, 31: ich spreche von/vom
Wortfeld „elektronische Überwachung"	– V. 13: auf radarschirmen – V. 14: ausgewertet – V. 15: meldetischen, antennen
Wortfeld „Krieg", „Vernichtung"	– V. 19: umzingelt – V. 20: manöver – V. 21: feuerglocken – V. 22: ticken [Bombe]
Wortfeld „Natur"	Tiere und Pflanzen – V. 2, 34: eulen – V. 3: butt und wal – V. 8: rab und taube – V. 9: was lebt in den lüften – V. 10: wäldern, flechten – V. 17: tier – V. 18: schilf – V. 33: ottern, robben

	Naturgegebenheiten – V. 4: dunklen haus – V. 5: dem siebenfältigen meer – V. 6: gletschern – V. 11: vom grauen moor – V. 12: leeren gebirgen – V. 16: floridas sümpfe – V. 17: das sibirische eis – V. 18: schiefer
Wortfeld „Mensch“	– V. 1, 2, 3, 28, 31: ich – V. 1, 24, 25, 28: euch/euerm – V. 23: wir – V. 24: waisen – V. 26: mündelsichern gefühle – V. 30: mir

Satzbau und Stilfiguren

Beispiel einer Textbearbeitung:	*Notizen*
ich spreche von euerm nicht	freie Rhythmen ohne Reim
ich spreche vom ende der eulen,	Wiederholung: „ich spreche“
ich spreche von butt und wal	Anapher: „ich“, Parallelismen
in ihrem dunklen haus.	Metapher
dem siebenfältigen meer,	bildhafte Adjektive
von den gletschern,	
sie werden kalben zu früh,	Parenthese, Inversion
rab und taube, gefiederten zeugen	Personifizierung
von allem was lebt in den lüften	
und wäldern, und den flechten im kies,	
vom weglosen selbst, und vom grauen moor	
und den leeren gebirgen.	Polysyndeton

auf radarschirmen leuchtend	häufige Enjambements
zum letzten mal, ausgewertet	Voranstellung von Präpositionen; adverbiale Ergänzungen
auf meldetischen, von antennen	
tödlich befingert floridas sümpfe	auffällig: Partizip II- bzw. Passivkonstruktionen
und das sibirische eis, tier	
und schilf und schiefer erwürgt	Personifizierung
von warnketten, umzingelt	
vom letzten manöver, arglos	
unter schwebenden feuerglocken,	Metaphern
im ticken des ernstfalls.	
wir sind schon vergessen,	Zustandspassiv im Präsens → Futurbedeutung
sorgt euch nicht um die waisen,	
aus dem sinn schlagt euch	
die mündelsichern gefühle.	Metapher / Bildbruch / Chiffre
den ruhm, die rostfreien psalmen.	Metapher
ich spreche nicht mehr von euch,	Anknüpfung an die erste Strophe über die Wortfamilie „sprechen“ → aber Verneinung
planern der spurlosen tat,	
und von mir nicht, von keinem.	
ich spreche von dem was nicht spricht,	
von den sprachlosen zeugen,	Wiederholung „von“: Aufzählung und Steigerung
von ottern und robben,	
von den alten eulen der erde.	Klimax und Alliteration: „alte Eulen der Erde“ → Symbol: Weisheit, Ewigkeit

Aus: Hans Magnus Enzensberger, Landessprache. Gedichte. © Suhrkamp Verlag Frankfurt a. M. 1960. Alle Rechte bei und vorbehalten durch Suhrkamp Verlag Berlin

4. Ordnen Sie die Wortfelder sogenannten Sinnbezirken zu.

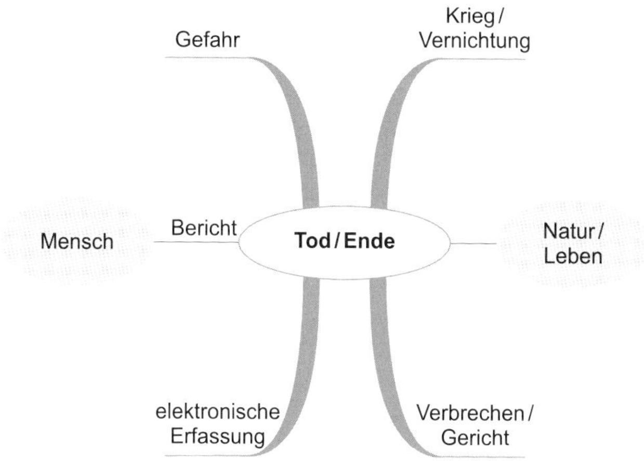

Formulieren Sie ein abschließendes Fazit.

3. Phase

Wie kann ich die Ergebnisse bündeln?

Versuchen Sie, den Gesamteindruck, den das Gedicht beim Lesen hinterlässt, in Worte zu fassen. Vergegenwärtigen Sie sich hierzu noch einmal den gedanklichen Aufbau des Textes sowie dessen sprachliche und formale Gestaltung. Überlegen Sie sich daneben, worin die Hauptaussage des Sprechers besteht und welche Rolle er sich selbst zuschreibt.

Bereiten Sie den Schreibprozess vor.

4. Phase

Wie kann ich meinen Aufsatz strukturieren?

Erstellen Sie eine Gliederung nach den wesentlichen Untersuchungsaspekten und folgen Sie dabei den Schwerpunkten der Aufgabenstellung.

Schreiben Sie eine Lösung.

5. Phase

Was muss ich beim Verfassen des Aufsatzes beachten?

Orientieren Sie sich beim Schreiben am Schema Einleitung, Hauptteil, Schluss. Nennen Sie zu Beginn die wichtigsten Informationen zum Gedicht. Im Hauptteil schließt sich die Analyse des Textes an. Geben Sie hier zunächst den Kerninhalt der Einzelstrophen sowie den Aufbau des Textes wieder. Nachdem Sie auch Bemerkungen zur Form des Gedichts angestellt haben, folgt eine Detailanalyse der einzelnen Verse. Bündeln Sie Ihre Ergebnisse in einem zusammenfassenden Fazit und runden Sie Ihre Ausführungen durch einen passenden Schlussgedanken ab.

Überarbeiten Sie Ihre Lösung.

6. Phase

Bei der Endkontrolle des Textes kann Ihnen die vorliegende Checkliste helfen.

	Ja	Nein
Aufbau		
Weist mein Aufsatz eine klare Struktur (Einleitung, Hauptteil, Schluss) auf?	☐	☐
Enthält meine Einleitung alle erforderlichen Angaben (Autor/-in, Titel, Textart, Entstehungs- bzw. Erscheinungsjahr, Thema)?	☐	☐
Habe ich im Hauptteil Bezüge zwischen dem Inhalt und der sprachlich-formalen Gestaltung hergestellt?	☐	☐
Trägt mein Schlussgedanke zur Abrundung meiner Ausführungen bei?	☐	☐
Habe ich auf alle in der Aufgabenstellung genannten Aspekte geachtet?	☐	☐
Inhalt		
Wird neben dem Kerninhalt auch der Aufbau des lyrischen Textes deutlich?	☐	☐
Habe ich die formale Gestaltung des Textes in Bezug zum Inhalt gesetzt?	☐	☐
Bin ich bei der Erschließung des Gedichts auf dessen Titel eingegangen?	☐	☐
Lege ich in meiner Lösung auch die Sprechhaltung des lyrischen Ichs dar?	☐	☐
Erläutere ich bei der Detailanalyse den Aussagegehalt der einzelnen Verse auf nachvollziehbare Weise?	☐	☐
Werden sprachliche Mittel treffend benannt, korrekt zitiert und wird deren Wirkung aufgezeigt?	☐	☐
Lässt mein Fazit ein vertieftes Textverständnis erkennen?	☐	☐
Form und Ausdruck		
Habe ich Fachvokabular bei der Gedichtanalyse angemessen verwendet?	☐	☐
Fügen sich die zitierten Verse und Begriffe flüssig in meinen Text ein?	☐	☐
Habe ich in meinem Aufsatz verschiedene Formen des Zitierens genutzt?	☐	☐
Entspricht mein Text den geltenden Regeln zur Rechtschreibung und Zeichensetzung?	☐	☐

Lösungsvorschlag

In dem im Jahr 1960 entstandenen Gedicht „Das Ende der Eulen" von Hans Magnus Enzensberger erhebt ein lyrisches Ich seine Stimme. Es spricht von der Auslöschung der Natur durch den Menschen und der Zeugenschaft der sprachlosen Tiere angesichts dieser Zerstörung.

Einleitung
Autor, Titel, Entstehung, Thema des Gedichts

Der Text gliedert sich in **drei Strophen**, die eine unterschiedliche Länge aufweisen (erste Strophe: zwölf Verse, zweite Strophe: zehn Verse, dritte Strophe: zwölf Verse). Zunächst benennt der Berichterstatter eindringlich das Thema: Er spricht vom **Ende der Eulen**, nicht vom Tod der Menschen. Indem er anschließend Tiere, Pflanzen und andere Naturgegebenheiten anführt, lenkt er den Blick auf **Flora und Fauna und deren Lebensraum**. Strophe zwei beschreibt konkret, was sich auf der Erde abspielt und beschwört Bilder **kriegerischer Zerstörung** herauf. In Strophe drei betont der Sprecher, nicht von dem selbst herbeigeführten Ende der Menschheit reden zu wollen, sondern den **bedrohten Tieren**, die nicht sprechen können, **eine Stimme zu verleihen**.

Hauptteil
Inhalt und Aufbau des Gedichts

Die formale Gestaltung des Gedichts entspricht dem darin entworfenen Schreckensszenario. Die Natur ist aufgrund von kriegerischen Auseinandersetzungen stark bedroht und steht kurz vor der Zerstörung. Es gibt nichts mehr, was sie noch zusammenhält. Auch die Verse im Gedicht fügen sich nicht zu einer harmonischen Einheit. Ein bindendes **Reimschema oder Metrum fehlt**. Stattdessen herrscht im Text, der aus **freien Rhythmen** besteht, ein **prosaischer Ton** vor, der zur nüchternen Berichterstattung des Sprechers passt. Die Bedeutungslosigkeit der Menschen, die durch kriegerische Mittel die Verwüstung des Planeten selbst herbeiführen, kommt durch die **durchgängige Kleinschreibung** aller Wörter im Gedicht zum Ausdruck. Was es an sprachlichen Regeln und Traditionen gibt, zählt angesichts der bevorstehenden Zerstörung nicht mehr.

formale Gestaltung in Bezug auf den Inhalt

Die erste Strophe des Gedichts setzt mit einem dreifachen „ich spreche" ein. Diese Formel wird am Beginn der ersten drei Verse wiederholt. Die Anapher ist ein Ausdruck für das dringende Bedürfnis des lyrischen Ichs, **etwas zur Sprache zu bringen**. Dabei wendet es sich im ersten Vers an eine nicht näher bestimmte Gruppe, vermutlich seine Zeitgenossen, und betont, dass es nicht darum gehe, deren Belange zu thematisieren („ich spreche

Detailanalyse der Einzelstrophen unter Einbezug der Sprache

1. Strophe: Schilderung eines Naturzustands

von eurem nicht“, V. 1). Gleich im zweiten Vers, der titelgebend für das ganze Gedicht ist, hebt der Sprecher hervor, dass „vom ende der eulen“ die Rede sein soll. In den folgenden Versen wird deutlich, dass die **Eulen stellvertretend für die gesamte Natur** sowie die tierischen und pflanzlichen Lebewesen darin stehen. So rückt in den Versen drei bis sieben der **Lebensraum Wasser**, in dem „butt und wal“ (V. 3) zu Hause sind, in den Blick. Der Vorstellung von der Tiefe und Weite des Ozeans wird durch die Metapher vom „dunklen Haus“ (V. 4) und dem bildhaften Adjektiv „siebenfälti[g]“ (V. 5), wohl eine Anspielung auf die sieben Weltmeere, Ausdruck verliehen. Das Ökosystem „Meer“ ist jedoch in Gefahr. Die Gletscher, aus denen sich der Ozean speist, „werden kalben zu früh“ (V. 7). Durch die Inversion liegt die Betonung auf dem zeitlichen Aspekt, also dem vorzeitigen Schmelzen der Gletscher. In den folgenden Versen steht das **Element Luft** im Zentrum. Die Vögel, genannt werden „rab und taube“ (V. 8), sind nunmehr „gefierdet[e] zeugen/von allem was lebt in den Lüften“ (V. 8 f.). Durch diese Personifizierung signalisiert der Sprecher, dass die Vögel von einem dramatischen Ereignis erzählen würden, wenn sie denn sprechen könnten. In einer polysyndetischen Aufzählung wird schließlich in den letzten drei Versen der ersten Strophe genannt, was auf dem **Festland** vorzufinden ist. Hier ist die Rede von „wäldern […] und den flechten im kies“ (V. 10) und damit von großen und winzigen pflanzlichen Lebewesen. Die Bilder „vom weglosen […] und vom grauen Moor/und den leeren gebirgen“ (V. 11 f.) wecken Assoziationen an eine trostlose Landschaft, in der Leere und Stille herrschen.

2. Strophe: Bedrohung der Natur durch den Menschen

Vielleicht ist es die Ruhe vor dem Sturm, die zu diesem Zustand führt. Denn in der zweiten Strophe spricht das lyrische Ich von „radarschirmen“ (V. 13), „meldetischen“ (V. 15) und „antennen“ (ebd.). Diese Begriffe entstammen einem **militärischen Kontext** und legen nahe, dass es zu einer kriegerischen Auseinandersetzung kommen wird. Die Wahl der Schauplätze Florida („floridas sümpfe“, V. 16) und Russland („das sibirische eis“, V. 17) erinnert an den **Kalten Krieg**. Die Begriffe „warnketten“ (V. 19), „letzte[s] manöver“ (V. 20), „schwebend[e] feuerglocken“ (V. 21) und „ticken des ernstfalls“ (V. 22) sprechen metaphorisch von einem stattfindenden Krieg, der an einen **Atomkrieg** denken lässt. Der Hakenstil, der durch die durchgängigen Enjambements in der zweiten Strophe erzeugt wird (vgl. V. 13–22), trägt zu einer **Erhöhung des Sprechtempos** bei. Dadurch entsteht der Eindruck, als beschleunige sich das Geschehen und als stünde das Zünden der Bombe kurz bevor. Die Natur gerät in diesem Konflikt unter die Räder. Sie ist „tödlich befingert" (V. 16), wird „erwürgt" (V. 18) oder ist „umzingelt" (V. 19). Die Verben, die im Passiv als Partizip-II-Konstruktionen häufig betont am Ende der Verszeile stehen, signalisieren, dass die **Natur die Last des Krieges schon jetzt zu spüren bekommt** und die Schäden bereits eingetreten sind.

3. Strophe: Bilanz des lyrischen Ichs

Angesichts der unmittelbar bevorstehenden Katastrophe, die ihre Schatten schon vorauswirft, dürfen sich die Menschen **keinen Illusionen hingeben**. Der Sprecher meint zu Beginn der dritten Strophe: „wir sind schon vergessen" (V. 23). Die **wir-Form** deutet darauf hin, dass sich der Sprecher als Teil eines Kollektivs begreift, das für die Zukunft nichts mehr hoffen darf und **dem Vergessen preisgegeben** ist. Ein über dieses Vergessenwerden hinausgehendes Denken ist folglich sinnlos („sorgt euch nicht", V. 24; „aus dem sinn schlagt euch", V. 25). Die Chiffre „mündelsicher[e] gefühle" (V. 26) warnt vor der – angesichts der Katastrophe – lächerlich anmutenden Einbildung, man könne in irgendeiner Weise vorsorgen. „[R]uhm" (V. 27) und Religion – im Bild der „rostfreien psalmen" (ebd.) umschrieben – haben ihre Gültigkeit verloren. Das lyrische Ich stellt fest: Im Ernstfall werden zwar alle Menschen untergehen, aber von uns ist „nicht mehr" (V. 28) die Rede, das **Dahinscheiden der menschlichen Spezies ist also nebensächlich**. Daher beschließt das lyrische Ich, überhaupt nicht mehr von Menschen zu reden, weder von denjenigen, die die Zerstörung des Planeten verursacht haben (vgl. V. 29), noch von sich selbst oder irgendjemanden (vgl. V. 30). Dennoch steht das sich wiederholende „Sprechen von" im Zentrum des Abgesangs. Die letzten vier Verszeilen am Ende knüpfen an die drei ersten der Anfangsstrophe an und schließen so den Kreis. Das lyrische Ich macht sich damit auch zum **Sprachrohr:** „ich spreche von dem was nicht spricht" (V. 31). Spricht es nämlich von den **„sprachlosen zeugen"** (V. 32), „ottern und robben" (V. 33) und „den alten eulen der erde" (V. 34), **spricht es gleichzeitig für diese**. Mit „Zeugen" wird ebenfalls ein Wort aus der ersten Strophe wieder aufgegriffen (vgl. V. 8) und die Schuldhaftigkeit des Menschen und das Verbrechen, das er begangen hat, werden betont. Das lyrische Ich geht wohl davon aus, dass diese sprachlosen Zeugen dennoch vor einem verborgenen

Richter ihr Zeugnis ablegen müssen. Die „alten eulen der erde" (V. 34) stehen als zentrales Symbol, auf das die Reihung in einer Klimax zusteuert (vgl. Z. 32 ff.), am Ende des Gedichts. Die **Eule** ist ein **Sinnbild für Weisheit** und mit ihr stirbt nicht nur die Natur, sondern zugleich der ihr innewohnende Gedanke des schöpferischen Geistes.

Fazit: das lyrische Ich als Sprachrohr für die Natur

Insgesamt bleibt also festzuhalten: Das lyrische Ich spricht „nicht mehr von [uns]" (V. 28), aber es spricht zu uns. Es ist **Berichterstatter und Ankläger** zugleich. Durch den Menschen droht der Natur – ihr wichtigster Stellvertreter ist die „alte Eule" –, Zerstörung und Vernichtung. Die Mittel dieser Zerstörung sind Instrumente der technischen Industrie: zunächst die elektronische Erfassung und **Überwachung aller Winkel der Erde** und dann die **Auslöschung mithilfe weitreichender, tödlicher Waffen**. Der Mensch, der all dies verursacht, ist in diesem Szenario nicht mehr von Bedeutung. Vergessen sind er und seine Taten, auch seine Nachkommen werden untergehen, ihr Überleben ist unsicher und bedeutungslos. Von Belang ist lediglich die Ungeheuerlichkeit, dass der Mensch leichtfertig unschuldige Kreaturen, ja die Schöpfung an sich, gedanken- und gewissenlos mit sich reißt. Das lyrische Ich **bürdet sich die Last auf, Sprachrohr zu sein** für Tiere und Pflanzen, Gebirge, das Meer und das Eis, für all das, was keine Stimme hat.

Schluss
Aktualitätsbezug

Das Echo von „Das Ende der Eulen" hallt deutlich in unser Jahrtausend. Das Thema der Zerstörung der Schöpfung ist aktueller denn je, vordergründig weniger durch einen alles vernichtenden Krieg, sondern eher durch die gnadenlose Ausbeutung von Ressourcen und den menschengemachten Klimawandel. Die Stimme des lyrischen Ichs darf noch nicht schweigen.

NRW – Zentrale Klausur am Ende der Einführungsphase der gymnasialen Oberstufe – Übungsaufgabe II

Inhaltsfeld 2:	*Texte*
Inhaltlicher Schwerpunkt:	*lyrische Texte in einem thematischen Zusammenhang – Naturlyrik*
Aufgabenart I a:	*Analyse eines literarischen Textes*

Aufgabenstellung:

1. Analysieren Sie Paul Heyses Gedicht „Waldesnacht" nach inhaltlichen und sprachlich-formalen Gesichtspunkten.
2. Zeigen Sie ausgehend von Ihren Ergebnissen auf, welche Bedeutung der Wald für das lyrische Ich hat.

Paul Heyse (1830–1914)
Waldesnacht (1850)

Waldesnacht, du wunderkühle,
Die ich tausend Male grüß',
Nach dem lauten Weltgewühle
O wie ist dein Rauschen süß!
Träumerisch die müden Glieder
Berg' ich weich ins Moos,
Und mir ist, als würd' ich wieder
All der irren Qualen los.

Fernes Flötenlied, vertöne,
Das ein weites Sehnen rührt,
Die Gedanken in die schöne,
Ach, mißgönnte Ferne führt!
Laß die Waldesnacht mich wiegen,
Stillen jede Pein,
Und ein seliges Genügen
Saug' ich mit den Düften ein.

In den heimlich engen Kreisen
Wird dir wohl, du wildes Herz,
Und ein Friede schwebt mit leisen
Flügelschlägen niederwärts.
Singet, holde Vögellieder,
Mich in Schlummer sacht!
Irre Qualen, löst euch wieder;
Wildes Herz, nun gute Nacht!

Aus: Paul Heyse: Gedichte. Hrsg. von Karl-Maria Guth. Berlin: Hofenberg 2014, S. 20 f.

Lösungsvorschlag

Was verlangt die Aufgabenstellung von mir?
Die erste Teilaufgabe fordert eine ***Analyse*** *des Gedichts „Waldesnacht" von Paul Heyse. Der Zusatz, dass Sie dabei* ***inhaltliche und sprachlich-formale Gesichtspunkte*** *berücksichtigen sollen, gibt Ihnen einen wichtigen Hinweis, auf welche Aspekte Sie bei der Erschließung des Gedichts achten sollen. Bei der zweiten Teilaufgabe wird von Ihnen verlangt, auf die* ***Bedeutung des Waldes für das lyrische Ich*** *einzugehen. Dass Sie diesen Punkt „ausgehend von Ihren Ergebnissen" behandeln sollen, signalisiert Ihnen, Ihre Ausführungen hierzu ans Ende des Aufsatzes zu stellen.*

Wie gehe ich bei der Bearbeitung der Aufgabe sinnvollerweise vor?
Untersuchen Sie als ***Vorbereitung auf den Schreibprozess*** *den Inhalt der drei Strophen sowie deren formale und sprachliche Gestaltung. Ihre Notizen können Sie direkt auf dem Blatt mit dem abgedruckten Text schreiben. So fällt es Ihnen beim Schreiben später leichter, den Überblick zu behalten. Versuchen Sie, den* ***Inhalt des Gedichts*** *zu durchdringen, indem Sie den einzelnen Strophen Überschriften geben oder diese in einem Satz prägnant zusammenfassen. Achten Sie zudem auf die inhaltliche Struktur des Gedichts. Welche* ***übergeordneten Sinneinheiten*** *sind zu erkennen? Lassen sich Unterschiede in der Sprechhaltung oder bezüglich des inneren Zustands des lyrischen Ichs ausmachen? Diese Fragen helfen Ihnen, den* ***Aufbau des Gedichts*** *zu verstehen. Prüfen Sie daneben, wie das Gedicht in formaler und sprachlicher Hinsicht gestaltet ist, also in Bezug auf* ***Strophenbau, Reimschema, Metrum und Kadenzen****. Stellen Sie dabei auch einen Bezug zum Inhalt des Textes her, indem Sie sich fragen:* ***Passt die Form des Gedichts zu seinem Inhalt?*** *Gehen Sie im Anschluss Vers für Vers vor und versuchen Sie, den Inhalt der einzelnen Verszeilen gedanklich in eine „Normalsprache" zu übersetzen. Überlegen Sie in diesem Zuge auch, welche* ***Wirkung die sprachlichen Mittel*** *entfalten und in welchem Zusammenhang sie zum Inhalt stehen.*

Wie kann ich meinen Aufsatz strukturieren?
Geben Sie den Leserinnen und Lesern Ihres Aufsatzes in der ***Einleitung*** *die wichtigsten* ***Informationen zum Text****. Im anschließenden* ***Hauptteil*** *sollten Sie den* ***Inhalt*** *des Gedichts kurz wiedergeben. Berücksichtigen Sie dabei dessen* ***Aufbau****. Nachdem Sie auch die* ***Form*** *des Gedichts beschrieben und in Bezug zum Inhalt gesetzt haben, erfolgt eine* ***Detailanalyse****, bei der Sie sich an der Textchronologie orientieren können. Setzen Sie sich am Ende des Hauptteils mit der Frage auseinander,* ***welche Bedeutung der Wald für das lyrische Ich hat****. Indem Sie am* ***Schluss*** *das* ***Thema des Gedichts*** *in einen größeren Zusammenhang stellen oder dessen Bedeutung für die Gegenwart darlegen, runden Sie Ihren Aufsatz ab.*

Für viele Menschen ist der Wald ein Ort, um die Seele baumeln zu lassen. Auch in Paul Heyses Gedicht „Waldesnacht" aus dem Jahr 1850 kommt das lyrische Ich, das Schutz vor der lärmenden Welt sucht, im Wald zur Ruhe und findet schließlich im Schlaf auf dem Waldboden inneren Frieden.

Einleitung
Grundlegende Informationen zu Heyses Gedicht

Paul Heyses Gedicht lässt sich in **zwei Sinnabschnitte** gliedern: In der ersten Strophe schildert das lyrische Ich, wie es den Wald in einer **seelischen Extremsituation** betritt und sich dort einen Schlafplatz sucht, um zur Ruhe zu kommen. Daraufhin teilt es in der zweiten und dritten Strophe seine **sinnlichen Erfahrungen in der Natur** mit, die mit seiner **seelischen Entspannung** einhergehen und schließlich zu seiner **geistigen Gesundung** führen.

Hauptteil
Inhalt und Aufbau

Der Text ist **gleichmäßig strukturiert:** Das Gedicht besteht aus drei Strophen zu je acht Versen. Diese sind in einem regelmäßigen trochäischen Versmaß notiert. Weibliche und männliche Kadenzen wechseln einander stetig ab. Es liegt ein durchgehender Kreuzreim vor. Lediglich in den Versen 13 und 15 ist ein unreiner Reim festzustellen, allerdings verhalten sich die beiden Verse inhaltlich unauffällig. Die **harmonische Form** des Gedichtes spiegelt die vom lyrischen Ich in der „Waldesnacht" erfahrene Harmonie wider, die im Folgenden detailliert nachgezeichnet werden soll.

Form des Gedichts

Der erste Vers beginnt mit dem Kompositum „Waldesnacht" (V. 1), das **Handlungsraum und -zeitpunkt** mitteilt, gleichzeitig aber auch für **Ruhe und Stille** steht. Es handelt sich hierbei um eine personifizierende Anrede der Natur, die durch das Personalpronomen „du" (V. 1) weiter ausgebaut wird: Zusammen stehen Kompositum und Personalpronomen für ein **persönliches, von Emotionalität und Nähe geprägtes Verhältnis**. „[W]underkühle" (V. 1), ein weiteres Kompositum, verleiht der „Waldesnacht" einen **zauberhaften Charakter**, legt gleichfalls aber auch die **Beruhigung** eines erhitzten Gemüts nahe – vergleichbar vielleicht mit Kältewickeln, die eine Entzündung lindern.

Detailanalyse:
Verhältnis des Sprechers zur Natur

Seiner **Freude** über die Begegnung mit der Natur verleiht das lyrische Ich Ausdruck, indem es sie in Form einer Hyperbel („tausend Male", V. 2) überschwänglich „grüß[t]" (V. 2). Der Ruhe und Stille der „Waldesnacht" wird nun das „laut[e] Weltgewühle" (V. 3), vor dem das lyrische Ich in die Natur **flüchtet**, als **Gegenbild** entgegengesetzt. Die positive Konnotation des Waldes wird anschließend weiter ausgebaut: Die Interjektion

„O" (V. 4) steht für einen Augenblick **äußerster Empfindsamkeit**, für den es keine Worte gibt, nur Laute. Das gleichmäßige „Rauschen" (V. 4) des Waldes **kontrastiert** mit dem dynamischen „Weltgewühle", das Attribut „süß" (V. 4) verdeutlicht die besondere Anziehungskraft, die dieses „Rauschen" besitzt. Die **Entspannung**, die sich bereits jetzt allmählich einstellt, wird durch das Adverb „[t]räumerisch" (V. 5) beschrieben: Das lyrische Ich kommt **physisch** zur Ruhe, ist dem Schlaf schon nahe, legt seine „müden Glieder" (V. 5) aber nicht einfach nieder, sondern verschmilzt beinahe mit dem bequemen Waldboden („Berg' ich weich ins Moos", V. 6) – ausgedrückt durch die Präposition „ins" im Gegensatz zu „aufs" –, was für ein regelrechtes **Eintauchen in die Natur**, für ein **Einswerden** mit ihr steht. Das hieraus resultierende Gefühl der **Geborgenheit** geht mit einem ersten Hoffnungsschimmer einher: „Und mir ist, als würd' ich wieder/All der irren Qualen los." (V. 7 f.) Die seelische Extremsituation des lyrischen Ichs wird hier erstmals als qualvolle Krankheit beschrieben, die es im Wald zu heilen sucht.

körperliche Beruhigung

Auf die körperliche Beruhigung des lyrischen Ichs folgt in der zweiten und dritten Strophe die seelische. Der Wald bahnt sich nun über die **Sinne** einen Weg in das aufgewühlte „wild[e] Herz" (V. 18 und 24), um „jede Pein" (V. 14), jeden Schmerz darin zu „[s]tillen" (V. 14), es also umfassend zu **heilen:** Vogelgezwitscher („holde Vögellieder", V. 21) wird zum Schlaflied, Waldgerüche werden zu betörenden „Düften" (V. 16), die das lyrische Ich gierig aufsaugt (vgl. V. 16), und die Natur, erneut personifiziert, „wieg[t]" (V. 13) es, einer Mutter gleich, die ihren Säugling im Arm hält, „sacht" (V. 22), also behutsam, in den „Schlummer" (V. 22). Damit verbunden ist ein **Ausschluss der Welt jenseits des Waldes**, die dazu aufgefordert wird, zu verstummen („Fernes Flötenlied, vertöne", V. 9). Das „weit[e] Sehnen" (V. 10) nach der „mißgönnte[n] Ferne" (V. 12) ist vorüber: Das lyrische Ich ist am Ziel seiner Wünsche angelangt – im Wald, in der ursprünglichsten Form der Natur. In der Intimität dieser Situation gelingt es ihm nun, „Friede[n]" (V. 19) mit seinem Inneren zu schließen. Die „leisen/Flügelschläg[e]" (V. 19 f.) stellen hierbei einen Gegenpol zum „lauten Weltgewühle" dar, die Abwärtsbewegung („niederwärts", V. 20) steht für Erdung. Die seelische Verkrampfung „löst [sich] wieder" (V. 23). So erscheint das lyrische Ich im letzten Vers mit seinem „[w]ilde[n] Herz" (V. 24) ausgesöhnt,

seelische Beruhigung

wenn es ihm eine „gute Nacht“ (V. 24) wünscht – das Ausrufezeichen verleiht diesem Wunsch Nachdruck – und sich dem Schlaf ergibt, einem Zustand umfassender Ruhe und Erholung.

Bedeutung des Waldes für das lyrische Ich

Heyses „Waldesnacht“ begreift den Wald als ein **wundersames Refugium**, als einen **Ort der Ursprünglichkeit**, an den sich ein lyrisches Ich aus einer Welt flüchtet, die ihm Seelenqualen bereitet. Der Dichter greift dabei auf das **Motiv** des Ausbruchs aus einer rauen Wirklichkeit zurück. Erst in völliger **Einheit mit der Natur** und durch Ausschluss der Welt jenseits des Waldes kann das „wild[e] Herz“ wieder gesunden. Sprachlich ahmt Heyse die harmonische und heilsame Vereinigung von Wald und Mensch nach, indem er sein Gedicht regelmäßig und formschön gestaltet.

Schluss

der Wald als Rückzugsort und Mythos

Auch über 170 Jahre nach Erscheinen des Gedichts von Paul Heyse ist der Wald ein wichtiger Rückzugsort für den Menschen. Er ist ein beliebtes Ziel, um sich von Stresssituationen und den Strapazen des Alltags zu erholen. Insofern erfüllt der Wald eine wichtige Funktion für das **seelische Gleichgewicht**. Es sind Gedichte wie Heyses „Waldesnacht“, die dazu beigetragen haben, dass der Wald nicht nur auf seinen Nutzen, beispielsweise für die psychische Regeneration, reduziert wird. Die in der Literatur des 19. Jahrhunderts verbreitete Vorstellung, dass dem Wald **etwas Erhabenes und Geheimnishaftes** innewohnt, ist bis heute geblieben.

NRW – Zentrale Klausur am Ende der Einführungsphase der gymnasialen Oberstufe – Übungsaufgabe III

Inhaltsfeld 2:	*Texte*
Inhaltlicher Schwerpunkt:	*lyrische Texte in einem thematischen Zusammenhang – Naturlyrik*
Aufgabenart I a:	*Analyse eines literarischen Textes*

Aufgabenstellung:

Interpretieren Sie das Gedicht, indem Sie

- seinen Inhalt und gedanklichen Aufbau wiedergeben,
- die Funktion von Reim und Metrum untersuchen,
- die im Text beschriebene Atmosphäre unter Einbezug der sprachlich-stilistischen Gestaltung charakterisieren,
- abschließend das Gedicht unter Berücksichtigung seines Titels zusammenfassend deuten.

Georg Heym (1887–1912)
Der Baum (1910)

Am Wassergraben, im Wiesenland
Steht ein Eichbaum, alt und zerrissen,
Vom Blitze hohl und vom Sturm zerbissen.
Nesseln und Dorn umstehn ihn in schwarzer Wand.

Ein Wetter[1] zieht sich gen Abend zusammen.
In die Schwüle ragt er hinauf, blau, vom Wind nicht gerührt.
Von der leeren Blitze Gekränz umschnürt,
die lautlos über den Himmel flammen.

Ihn umflattert der Schwalben niedriger Schwarm.
Und die Fledermäuse huschenden Flugs,
Um den kahlen Ast, der zuhöchst entwuchs
Blitzverbrannt seinem Haupt, eines Galgens Arm.

Woran denkst du, Baum, in der Wetterstunde
Am Rande der Nacht? An der Schnitter[2] Gered',
In der Mittagsrast, wenn der Krug umgeht,
Und die Sensen im Grase ruhn in der Runde?

Oder denkst du daran, wie in alter Zeit
Einen Mann sie in deine Krone gehenkt[3],
Wie, den Strick um den Hals, er die Beine verrenkt,
Und die Zunge blau hing aus dem Maule breit?

Wie er da Jahre hing, und den Winter trug,
In dem eisigen Winde tanzte zum Spaß,
Und wie ein Glockenklöppel, den Rost zerfraß,
An den zinnernen[4] Himmel schlug.

Aus: Georg Heym, Dichtungen. München: K. Wolff, 1922, S. 28.

Anmerkungen:
1 *Wetter:* Unwetter, Gewitter
2 *Schnitter:* Mäher; steht symbolisch auch für den Tod
3 *gehenkt:* aufgehängt
4 *zinnernen:* aus Zinn, also graufarbig

Lösungsvorschlag

Die vorliegende Aufgabenstellung fordert von Ihnen die **Interpretation** *des Gedichts „Der Baum" von Georg Heym, wobei die einzelnen Untersuchungsaspekte genau vorgegeben werden. Lesen Sie also das Gedicht intensiv und vollziehen Sie* **seinen Inhalt gedanklich** *nach. Sie können beim ersten Lesedurchgang auch bereits markieren, welche Stellen Sie besonders ansprechen, welche Verse auffällig gestaltet oder vielleicht auch schwer zugänglich sind. Anschließend lesen Sie das Gedicht erneut und „mit dem Bleistift" im* **Hinblick auf seine Naturdarstellung**. *Vielleicht überlegen Sie zu Beginn, mit welcher Bedeutung Bäume ganz allgemein verbunden werden, und überprüfen dann, inwieweit sich dies in dem Gedicht wiederfindet oder auch nicht. Halten Sie am Gedichtrand oder auf einem Notizzettel in Stichworten fest, was* **in den einzelnen Strophen** *dargestellt wird (Inhalt). Nutzen Sie einen weiteren Lesedurchgang, um die* **sprachliche Gestaltung** *in den Blick zu nehmen, die gerade bei Gedichten häufig sehr kunstvoll ist. Da ein Schwerpunkt auf der Untersuchung der Atmosphäre liegt, sind* **Wortwahl und rhetorische Mittel** *von großer Bedeutung. Achten Sie auch auf die* **Verwendung der Personalpronomina**. *Diese geben Ihnen nicht nur Hinweise zur* **Sprecherinstanz**, *sondern in diesem Gedicht besonders auf die* **inhaltliche Zäsur** *in der Mitte des Gedichts (Sprache). Ebenso darf die* **Betrachtung der Form** *nicht fehlen. Gedichte weisen eine eigene formale Gestaltungsart auf (Strophen, Reim, Metrum), die in* **Verbindung mit Inhalt und sprachlicher Gestaltung ihre Bedeutung** *entfaltet (Form).*
Ihre schriftliche Analyse beginnen Sie mit einer **Einleitung**, *in der Autor, Titel, Textsorte, Entstehungszeit und Thema des Gedichts genannt werden. Anschließend fassen Sie im* **Hauptteil** *den* **Inhalt** *unter Berücksichtigung des* **Textaufbaus** *kurz zusammen. Wenden Sie sich dann einer kurzen* **Formanalyse** *des Gedichts zu. Beachten Sie dabei, Formaspekte nicht nur zu benennen, sondern auch – wie in der Aufgabenstellung gefordert – mit einer Funktion zu versehen. Im Anschluss*

arbeiten Sie die Schwerpunkte ab. Nehmen Sie dafür alle Strophen in den Blick. Hier sollen Sie die sprachlichen Auffälligkeiten als Beleg für Ihre ***Untersuchung der Atmosphäre*** *einfließen lassen. Eine* ***reflektierte Schlussbetrachtung****, in der Sie zusammenfassend auf die* ***Bedeutung des titelgebenden Baums*** *eingehen, rundet Ihre Analyse ab. Denken Sie an Textbelege. Planen Sie Zeit für einen Korrekturdurchgang durch Ihre Analyse ein.*

Einleitung
Autor, Titel, Entstehungszeit, Textsorte, Thema

Das Gedicht „Der Baum" aus dem Jahr 1910 wurde von Georg Heym verfasst. Es thematisiert eine **düstere Naturszene**, in der der titelgebende „Baum" Schauplatz für Mord oder Selbstjustiz war: In seiner Krone wurde vor vielen Jahren ein Mann aufgehängt.

Hauptteil
gedanklicher Aufbau des Gedichts

Das aus **sechs je vierzeiligen Strophen** bestehende Gedicht weist eine deutliche inhaltliche Zäsur nach der ersten Hälfte auf. So erfolgen in den ersten drei Strophen eine **örtliche und tageszeitliche** Situierung der Szene sowie erste **Beschreibungen des Aussehens des Baums** und der ihn umgebenden Tiere. In den letzten drei Strophen wendet sich der nicht explizit auftretende Sprecher direkt an den Baum und befragt ihn zu seinen **Gedanken und Erinnerungen**.

knappe Zusammenfassung des Inhalts

In der ersten Strophe werden der **armselige Zustand des alten, kranken Baums** sowie auch sein ebenfalls wenig einladender Standort in der Wiese am Wassergraben beschrieben. In der zweiten Strophe erfolgt eine tageszeitliche und wetterbezogene Einordnung der Szene, die den **düsteren Eindruck** noch verstärkt: Der Abend naht, begleitet von Gewitter mit flammenden Blitzen. Schwalben und Fledermäuse – so beschrieben in der dritten Strophe – umflattern den Baum. In der folgenden Strophe findet eine **inhaltliche Wendung** statt: „Woran denkst du, Baum […]?" (V. 13 f.), fragt ein nicht weiter bezeichneter Sprecher und bietet dann **zwei Möglichkeiten** an. Die erste bezieht sich auf eine Gruppe Landarbeiter, die wohl einmal im Schatten des Baums eine Mittagspause eingelegt haben (4. Strophe). Die beiden letzten Strophen entfalten die zweite Möglichkeit: Vor langer Zeit wurde ein Mann in der Krone des Baums aufgehängt. Die näheren Umstände **dieses grausamen Vorgangs** werden nicht erklärt, stattdessen wird aber der entstellte Körper näher beschrieben (5. Strophe). In der sechsten Strophe wird schlussendlich aufgeführt, dass der Leichnam jahrelang im Baum hing.

Dieser kurze Einblick in die Szenerie des Gedichts legt schon nahe, dass die Darstellung nicht von einem gefälligen und rhythmischen Metrum begleitet wird. Zwar wird durchgängig ein **klassischer Vierzeiler** mit einem gewöhnlichen Reimschema verwendet. Aber es lässt sich eine **unregelmäßige Abfolge von 4- und 5-hebigen Versen** feststellen, wobei auch die Kadenzen wechseln. Diese allerdings folgen dem regelmäßigen Reimschema, das durchgängig ein **umschließender Reim** ist. Die betonten Wörter und teilweise auch Reimwörter sind häufig diejenigen, die zur Entstehung der dunklen Atmosphäre beitragen, so zum Beispiel die Reimwörter „zerrissen" und „zerbissen" (V. 2, 3) oder die betonten Wörter „hohl" und „Dorn" (V. 3, 4) der ersten Strophe. So könnte also der regelmäßige Strophenaufbau mit durchgängig umarmenden Reimen im Zusammenhang mit dem Titel die Leserinnen und Leser auf eine falsche Fährte führen. Sie könnten zunächst denken, es handle sich um gefällige Naturlyrik. Die metrische Gestaltung zerstört diesen Eindruck recht schnell und bereitet damit auf die **dramatische Wende gegen Ende des Gedichts** vor.

Funktion von Metrum und Reim

Der **neutral gehaltene Titel** des Gedichts „Der Baum" lässt die weitere Entwicklung noch offen. Direkt in der ersten Strophe wird aber deutlich, um welchen Baum es sich handelt, nämlich um einen „Eichbaum" (V. 2). Zwar steht er, wie zunächst scheint, in einer scheinbar angenehmen Umgebung „[a]m Wassergraben, im Wiesenland" (V. 1) – positiv ausschmückende Adjektive fehlen aber gänzlich. Der Baum selbst ist in einem jämmerlichen Zustand. Er ist „alt und zerrissen" (V. 2). Der Lauf der Jahreszeiten hat ihm arg zugesetzt. Blitze haben ihn „hohl" (V. 3) gemacht, Stürme haben ihn „zerbissen" (V. 3). Zudem steht er isoliert, abgetrennt, schwer erreichbar durch „Nesseln und Dorn" (V. 4), die eine „schwarz[e] Wand" (V. 4) um ihn bilden. Besonders auch dieses Farbadjektiv sorgt dafür, dass die **Naturbeschreibung** als bedrohlich und unheimlich wahrgenommen wird.

Titel des Gedichts und Atmosphäre in der 1. Strophe

Die Beschreibung des aufziehenden Gewitters am Abend verstärkt den Eindruck einer bedrohlichen Stimmung. Es wird Abend. Damit kündigt sich Dunkelheit an, die oft als furchteinflößend empfunden wird. Hinzu kommt ein Gewitter: „Ein Wetter zieht sich [...] zusammen." (V. 5) Die Wahl des reflexiven Verbs verdeutlicht die geballte Kraft, die im Entstehen begriffen ist. Im zweiten Vers der zweiten Strophe, die durch ihre metrische und syntaktische Gestaltung auffällt (die **Zäsur in der**

Wetterbeschreibung und Atmosphäre in der 2. Strophe

Versmitte und die von Kommata abgegrenzte Apposition), wird dargestellt, dass die Eiche „blau“ (V. 6), „nicht gerührt“ (ebd.) vom Wind „[i]n die Schwüle“ ragt (ebd.). Verwunderlich ist in dieser Beschreibung die Wahl des Farbadjektivs in eingeschobener syntaktischer Position. Bezieht man das Adjektiv auf den Baum, so könnte damit ausgedrückt werden, dass in der dunklen Gewitternacht der Baum im Moment der Blitze tatsächlich bläulich leuchtet und damit gespenstisch und unheimlich aussieht. Der nächste Vers erwähnt dann die „Blitze“ (V. 7) explizit, die „über den Himmel flammen“ (V. 8). Dieses gehobene, aber im Gebrauch schon eher veraltete Verb dient dazu, die gespenstische, verängstigende Gewitteratmosphäre auszudrücken. Die Blitze nehmen eine den Baum **einengende, isolierende Funktion** ein, denn er wird von ihnen „umschnürt“ (V. 7) – wie ein Paket. Aber die Macht des Gewitters wird nicht ungebrochen dargestellt, denn die Blitze sind „lee[r]“ (V. 7) und „lautlos“ (V. 8). Es handelt sich also nicht um ein gewöhnliches Gewitter, eher um ein Wetterleuchten, das die Natur in auffälliges Licht eintaucht.

Steigerung der unheimlichen Atmosphäre in der 3. Strophe

In der nächsten Strophe wird die Naturbeschreibung durch die Einbeziehung der Darstellung von Vögeln und Fledermäusen ergänzt. Zum dritten Mal wird denn auch in der dritten Strophe eine Einkreis- beziehungsweise Einengungsbewegung dargestellt, diesmal durch die Vögel und Fledermäuse, die den Baum umfliegen. Dadurch wird die im wahrsten Sinne des Wortes zentrale Position und Bedeutung des Baums hervorgehoben und gleichzeitig sein **Gefangen- und Ausgeliefertsein** deutlich. **Alliterationen** in der dritten Strophe („Schwalben […] Schwarm“, V. 9; „Fledermäuse […] Flugs“, V. 10) untermalen lautlich die dargestellte Bewegung der Tiere um den Baum herum. Auch die Auswahl der Flugtiere scheint bewusst gestaltet. So kündigen Schwalben, wenn sie „niedri[g]“ (V. 9) fliegen, schlechtes Wetter an, passen also zum dargestellten Gewitter. Fledermäuse werden oft als **gespenstisch und unheimlich** angesehen. Dies mag daran liegen, dass sie nachtaktive Tiere sind und ein merkwürdiges Aussehen haben und **mit dem Tod assoziiert** werden. Diese Assoziation passt zum Ende der dritten Strophe, denn dort wird der höchste und zudem kahle Ast der Eiche, der schon von Blitzen verbrannt wurde (vgl. V. 12), mit einem „**Galge[n]**“ (V. 12) in Verbindung gebracht. Somit erfolgt eine **Vorwegnahme** der Funktion des titelgebenden Baums. Dazu passen dann auch die beiden negativ besetzten Adjektive „kah[l]" (V. 11) und „[b]litzverbrannt" (V. 12), die zur Beschreibung des „Galgenasts" verwendet werden. Der Ast ist geschunden, versehrt, seiner natürlichen Bestimmung beraubt.

Nach dieser insgesamt düsteren und negativen Beschreibung des Baums und seiner Umgebung erfolgt zu Beginn der vierten Strophe eine zunächst überraschende **Wendung**. Der **Sprecher** des Gedichts wendet sich **direkt an den Baum:** „Woran denkst du, Baum, in der Wetterstunde/Am Rande der Nacht?" (V. 13 f.) Die Apposition und zugleich Apostrophe zeigt den Leserinnen und Lesern deutlich, dass tatsächlich der Baum als Gesprächspartner angeredet wird. Nun bietet der Sprecher eine **erste mögliche, als Ellipse formulierte Antwort** auf die Frage an. Er schildert eine – auf den ersten Blick – fast idyllisch anmutende Szene: Landarbeiter ruhen sich in der Mittagszeit in der Nähe des Baums aus. Sie unterhalten sich, sie trinken, neben ihnen liegen ihre Werkzeuge (vgl. V. 14 ff.). Dieser Eindruck wird aber durch die Wahl zweier Nomen getrübt: „Schnitter" (V. 14) und „Sensen" (V. 16). Nun ist Schnitter im Sinne von „Mäher" ein eher veralteter Ausdruck, häufig wird der Begriff zur Bezeichnung des **„Sensenmanns"**, also eines **Sinnbilds für den Tod** verwendet. Und in der Tat haben die Schnitter Sensen bei sich, die „ruhn in der Runde" (V. 16). Durch den Kontext, insbesondere durch die Erwähnung des Galgens in der vorherigen Strophe, wird der Bezugsrahmen geschaffen, die Darstellung der Schnitter mit ihren **Sensen als weitere Vorausdeutung** auf den Tod hin zu sehen. Demzufolge erscheint auch das Verb „ruhn" (V. 16) als Synonym für „verstorben sein".

Zäsur nach der 3. Strophe:
direkte Anrede des Baums

Da die Landarbeiter-Szene nicht die richtige Antwort sein kann, bietet der Sprecher eine weitere Möglichkeit an, deren Erläuterung sich über die beiden letzten Strophen erstreckt und die vielfältigen An- und Vorausdeutungen auflöst. So fragt er den Baum ein zweites Mal „Oder denkst du daran [?]" (V. 17) und macht schon durch die **auffällige Syntax** in den folgenden Konjunktionalsätzen deutlich, dass es sich um ein im negativen Sinne außergewöhnliches Geschehen handelt, von dem er nun erzählt: Vor langer Zeit wurde in der Krone dieser Eiche ein Mann aufgehängt, kam also dort qualvoll zu Tode. Mit **drastischen Worten** wird von dem **Sterben und dem Tod des Mannes** berichtet. Besonders durch die Nachstellung von Partizip, Adverb und Adjektiv „Beine verrenkt" (V. 19), „Zunge blau" (V. 20) und „Maule

Auflösung in den letzten beiden Strophen:
der Baum als Schauplatz eines gewaltsamen Todes

breit“ (V. 20) wird die **grauenhafte und entwürdigende Szenerie** des Leidens und Sterbens deutlich. Durch das Farbadjektiv „blau“ werden zudem Mann und Baum noch zusätzlich miteinander verbunden. Der Inhalt der Strophe lässt vollkommen offen, wer („sie“, V. 18) den Mann gehenkt hat und warum. Man erfährt nur, dass es „in alter Zeit“ (V. 17) geschah. Allein schon die Darstellung dieser Tötung kann als **Verurteilung des Geschehens** angesehen werden. Dafür spricht auch die Weiterentwicklung der Szenerie in der letzten Strophe. Das zum dritten Mal verwendete „Wie“ (V. 21) führt die grausige Darstellung weiter. Der Leichnam hängt jahrelang in der Eiche und ist den Einflüssen des Wetters („Winter“, V. 21; „eisigem Winde“, V. 22) schonungslos ausgesetzt. Die letzte Würde, ein Begräbnis, wird dem Mann nicht zuteil, zynisch wird dargestellt, dass er „tanzte zum Spaß“ (V. 22). Ein eindrucksvoller **Vergleich** schließt das Gedicht ab. Der baumelnde Leichnam wird mit einem „Glockenklöppel“ (V. 23) verglichen. Der verwesende Zustand wird bildgetreu mit den Worten „den Rost zerfraß“ (V. 23) ausgedrückt. Der Himmel ist der Glockenkorpus, an den der Leichenklöppel **wie zur Mahnung** schlägt. Die bedrückende Stimmung wird dabei durch das Adjektiv „zinnernen“ (V. 24) verdeutlicht.

Schluss

Bedeutung des Baums

Liest man den Titel des Gedichts, so erwartet man ein naturlyrisches Gedicht, das den **Baum als Teil der Natur**, der Flora, des Lebendigen thematisiert. Diese Erwartungen werden relativ schnell gebrochen. So erschaffen denn die ersten Strophen eine gespenstische, unheimliche Szenerie mit dem **geschundenen Baum** im Zentrum. Die letzten beiden Strophen enthüllen das grausige Geheimnis des Baums: Jahrelang baumelt der Leichnam eines gehenkten Mannes an diesem Baum, sein Baumeln wird mit einem Glockenklöppel verglichen, der, aufgrund der Gewalt, die dem geschundenen Menschen widerfahren ist, wie anklagend an die Himmelsglocke schlägt. **Niemand setzt sich für den Toten ein**, er kann nur selbst in dieser entwürdigenden und grausigen Art auf sich aufmerksam machen. Allein der Sprecher weiß um das fürchterliche Schicksal des Namenlosen. Er erinnert – als Fragen getarnt – den Baum an das Geschehen, er sorgt dafür, dass dieser Mensch nicht gänzlich in Vergessenheit gerät. Die Parallelität der Zerstörung verbindet Baum und Mensch.

NRW – Zentrale Klausur am Ende der Einführungsphase der gymnasialen Oberstufe – Übungsaufgabe IV

Inhaltsfeld 1:	*Sprache*
Inhaltlicher Schwerpunkt:	*Aspekte der Sprachentwicklung*
Aufgabenart II a:	*Analyse eines Sachtextes (hier mit weiterführendem Schreibauftrag)*

Aufgabenstellung:

1. Analysieren Sie den Text von Iris Forster, indem Sie
   – das Thema benennen und die Intentionen darstellen,
   – den Aufbau und die Argumentationsstruktur erschließen und
   – erklären, welche Funktion die „Euphemismuskette“ (Z. 44 f.) erfüllt.

(30 Punkte)

2. In der deutschen Sprache lassen sich weitere Beispiele für „Euphemismusketten“ finden.
   Nehmen Sie vor dem Hintergrund eines „politisch korrekten“ Sprachgebrauchs zu folgendem Beispiel Stellung, indem Sie zeigen, inwieweit die Verwendung der Neuschöpfungen sinnvoll oder notwendig ist:

   verhaltensgestörte Kinder – verhaltensauffällige Kinder – verhaltensoriginelle Kinder

(15 Punkte)

Iris Forster
Political Correctness/Politische Korrektheit

[…] In einem alten englischen Kindervers heißt es tröstend: *„Sticks and stones may hurt my bones, but words can never harm me.“*[1] Die Verfechter einer „politisch korrekten“ Sprache würden sich einer solchen Auffassung nicht anschließen. Sie argumentieren, „Worte“ – also die Sprache – könnten in bestimmten Situationen ein weitaus wirkungsmächtigeres Instrument als physische[2] Gewalt sein. Sprache spiegle nicht nur die Weltsicht des jeweiligen Sprechers wider, sondern darüber hinaus lasse sich über „Worte“ sogar eine bestimmte Weltsicht konstruieren. Diese bestimme wiederum konkretes politisches Handeln im Alltag. Als „politically correct“ und damit wünschenswert wird eine Sprachverwendung tituliert, bei der die Sprecher einen aktuellen Sprachgebrauch auf Grundlage bestimmter Normen kritisch hinterfragen. […]

In der Annahme einer engen Verbindung von Sprache, Denken und damit Handeln entstanden so Sprachreglementierungen[3], die zum einen den Gebrauch bestimmter

Ausdrücke ächten, zum anderen (da die Dinge ja nun einmal benannt werden müssen), eine neue, „feinfühligere“ Terminologie[4] vorschlagen oder vorschreiben. Über den Sprachwandel soll ein Bewusstseinswandel und idealerweise auch eine kulturelle Veränderung weg von der kritisierten Diskriminierung erreicht werden. [...]

Bestimmte Volksgruppen werden in den Massenmedien – durchaus abweichend vom tradierten[5] Sprachgebrauch – mit ihren Eigenbezeichnungen benannt: *Inuit* statt *Eskimos, Sinti und Roma* statt *Zigeuner*. *Ausländer* werden zu *Menschen mit Migrationshintergrund* oder *mit Zuwanderungsgeschichte*. Zum guten Ton gehört es, die *Putzfrau* als *Raumpflegerin,* den *Toilettenmann* als *facility manager* zu bezeichnen. Berufe mit schlechtem sozialem Prestige[6] werden so zumindest sprachlich aufgewertet. Prinzipiell werden negativ konnotierte Spracheinheiten[7] durch solche ersetzt, die beanstandete Teilaspekte ausblenden, positive Gesichtspunkte betonen oder aber, etwa als eher noch unbekanntes Fremdwort, bislang keinen Nebensinn hervorrufen.

Die Überlegungen in der öffentlichen Diskussion konzentrierten sich sehr bald auf die Frage, wie sinnvoll derartige Sprachregelungen sind. [...] PC[8] wird vermehrt mit lächerlicher Euphemisierung[9] und dogmatischer[10], intoleranter Politik assoziiert[11]. Argumentiert wird von den Gegnern auf verschiedenen Ebenen: Konservative Gruppierungen stehen Antidiskriminierungsbemühungen von linker oder liberaler Seite naturgemäß prinzipiell ablehnend gegenüber. Daneben existieren Stimmen, die die hinter einer solchen Sprachpolitik stehende Motivation zwar anerkennen, die erwünschte Wirkung jedoch bestreiten: Ein Hauptargument ist, dass mit der Schöpfung neuer Begriffe keine Veränderung der sozialen Wirklichkeit einhergehe und die tatsächlichen Ursachen von Rassismus, Sexismus sowie anderer Diskriminierung durch Sprachpolitik nicht überwunden werden könnten. [...]

Unbestritten ist, dass sich die neuen, „politisch korrekten“ Ersatzausdrücke abnutzen können, wenn sich die negative Konnotation[12] nach einer Weile auch auf die Neubildung überträgt. Dies kann zu einer fortwährenden Neuschöpfung führen: Ein US-amerikanisches Beispiel ist hier die Euphemismuskette *Negros – black people – coloured people – African-Americans* für Menschen mit einer dunklen Hautfarbe (ähnlich für den deutschen Sprachraum *Neger – Schwarze – Farbige – Afro-Amerikaner*). Aus sprachwissenschaftlicher Sicht geschieht dabei Folgendes: *Negros/Neger,* dass sich vom lateinischen Wort *niger = schwarz* herleitet, wird (wohl wegen seines Anklangs an das Schimpfwort *Nigger*) ersetzt durch die direkte Übersetzung ins Englische bzw. Deutsche und ist am Anfang tatsächlich ganz neutral beschreibend (deskriptiv). Bei *coloured people/Farbige* steht zwar noch das Merkmal „Hautfarbe“ im Vordergrund, die Formulierung ist jedoch viel weiter und schließt damit zumindest theoretisch auch Menschen anderer Hautfarbe ein. *African-Americans/Afro-Amerikaner* geht ganz weg von der Hautfarbe und bestimmt die benannte Gruppe über die Herkunft. […]

Festzustellen bleibt: „Politisch korrekte“ Sprache ist ein schwieriges Feld, es gibt viele Unsicherheiten und Fallstricke. Der Grat zwischen verantwortungsvollem Sprachgebrauch und unsinnigen, intoleranten Formulierungen ist schmal; gefragt ist hier die eigene Sprachkompetenz: Prinzipiell sollten wir unsere Sprachverwendung überprüfen und dort, wo wir mit Sprache Menschen verletzen können – denn, um den Kinderreim vom Anfang dieses Textes aufzugreifen: „Words“ vermögen dies wohl tatsächlich –, alternative Formen wählen. Dies ist aber immer vom Kommunikationszusammenhang abhängig, sodass ein generelles Verbot bestimmter Spracheinheiten und ein genereller, unbedingter und vorgeschriebener Gebrauch vieler Alternativen ins Leere läuft.

Textgrundlage aus:
Iris Forster: Political Correctness/Politische Korrektheit. In: bpb – Bundeszentrale für politische Bildung, veröffentlicht am 15. 10. 2010, http://www.bpb.de/politik/grundfragen/sprache-und-politik/42730/politische-korrektheit?p=all (Zugriff am 15. 09. 2014)

Anmerkungen:

1 *„Sticks and stones may hurt my bones, but words can never harm me.“:* „Stöcke und Steine können meine Knochen verletzen, Worte aber können mir niemals weh tun.“
2 *physisch:* körperlich
3 *Sprachreglementierungen:* Vorschriften im Sinne von Einschränkungen, die die Sprache betreffen
4 *Terminologie:* Fachsprache
5 *tradiert:* überliefert
6 *Prestige:* Ansehen
7 *negativ konnotierte Spracheinheiten:* Wörter, die einen abwertenden Beiklang haben
8 *PC:* Abkürzung für „**P**olitical **C**orrectness“
9 *Euphemisierung:* hier im Sinne von etwas schönreden, schönfärben
10 *dogmatisch:* hartnäckig, unnachgiebig
11 *assoziieren:* etwas gedanklich miteinander in Verbindung bringen
12 *Konnotation:* Beiklang, Nebensinn eines Wortes oder Begriffs

Lösungsvorschlag

Die Kompetenzen, die Sie erworben haben, Sachtexte zu analysieren, helfen Ihnen dabei, ein eigenes Verständnis dieses Textes zu entwickeln: Zunächst sollten Sie diesen Sachtext mehrmals ***aktiv lesen****. Durch einfache* ***Lesestrategien*** *– wie das sparsame Markieren wichtiger, aussagestarker Textpassagen, wie das Formulieren von Zwischenüberschriften und Randnotizen oder wie das Unterstreichen von Schlüsselbegriffen – lassen sich der Textinhalt erschließen und Zusammenhänge herstellen. Wichtige Schlüsselbegriffe des ersten Absatzes sind beispielsweise „Gewalt" (Z. 5), „Weltsicht" (Z. 6) und „Sprachgebrauch" (Z. 10). Mithilfe weiterer* ***Schlüsselbegriffe*** *im Text sowie unter Beachtung der Überschrift können Sie das Thema des Textes, wie in der ersten Teilaufgabe gefordert, bereits einkreisen.*

Die in der Aufgabenstellung genannten Bearbeitungsschwerpunkte geben Ihnen eine ***Strukturierungshilfe*** *für die Analyse. Daher bietet sich die aspektorientierte Vorgehensweise an, sodass Sie die Darstellung des Inhalts mit der Untersuchung des Textaufbaus und der Argumentationsstruktur verknüpfen können. Auf diese Weise lassen sich Wiederholungen vermeiden und der Zusammenhang zwischen inhaltlichen Kernaussagen und ihrer argumentativen Darstellungsweise verdeutlichen. Machen Sie in Ihrer Analyse deutlich, wenn Sie Aussagen der Verfasserin wiedergeben (durch distanzierende Inhaltswiedergabe in eigenen Worten, Verwendung der indirekten Rede, analytisches Beschreibungsvokabular, Textbelege im Sinnzusammenhang).*

In der ***Einleitung*** *müssen Sie wichtige Textinformationen zusammenfassen (Autorin, Textsorte, Titel, Erscheinungsjahr und -ort). Das* ***Thema*** *und die* ***Intentionen*** *des Textes ergeben sich aus den zentralen inhaltlichen Aussagen sowie aus der* ***Textfunktion****, die Sie anfangs klären sollten. Im Vordergrund stehen bei diesem Sachtext die Funktion und die Absicht, über den Gegenstand (Kritik des Sprachgebrauchs im politisch-gesellschaftlichen Kontext) detailliert und differenziert zu informieren. Zu prüfen ist, inwieweit der vorliegende Sachtext auch die Absicht hat zu appellieren. Sollen die Leserinnen und Leser etwa bewegt werden, zum dargestellten Sachverhalt eine bestimmte Haltung einzunehmen oder ihr Verhalten, im Sinne eines politisch korrekten Sprachgebrauchs, zu überprüfen oder sogar zu verändern? Weitere Hinweise zur Zielgruppe oder zu den* ***Adressaten*** *des Textes lassen sich erschließen, indem Sie neben den Intentionen auch die sprachliche Darstellungsweise (u. a. die Funktion der Beispiele im Text) sowie den Erscheinungsort (eine öffentlich-politisch ausgerichtete Publikation) berücksichtigen.*

Im ***Hauptteil*** *Ihrer Analyse erschließen Sie nun den* ***Aufbau*** *und die* ***Argumentationsstruktur*** *des Textes. Achten Sie bei der Rekonstruktion des Aufbaus auf strukturierende Textsignale („zum einen ... zum anderen", Z. 13 f.; „sehr bald ...",*

Z. 29; „Unbestritten ist …“, Z. 41; „Festzustellen bleibt …“, Z. 56) und greifen Sie auf die in Ihrer Vorarbeit markierten Schlüsselwörter zurück. Mit ihrer Hilfe können Sie die zentralen Kernaussagen identifizieren und erläutern sowie den Textaufbau erschließen. Um die Argumentationsstruktur zu klären, sollten Sie parallel dazu die einzelnen gedanklichen Begründungsschritte (in sachlogischer Reihenfolge) herausstellen: Thesen, Begründungen der Thesen durch Argumente, Funktion von Beispielen und Zitaten, antithetischer Aufbau der Darstellung, abschließendes Resümee. Die Frage, welche Funktion ***die Darstellung der „Euphemismuskette“*** *(Z. 44 f.) hat, beantworten Sie am besten, wenn Sie auf den Aufbau der Argumentation eingehen. Machen Sie dabei die Funktionsweise der sprachlichen Neuschöpfungen deutlich und erklären Sie das Textbeispiel in seinem Begründungszusammenhang (grundsätzliche Kritik an der Wirkung eines politisch korrekten Sprachgebrauchs).*
In einem kurzen ***Abschluss*** *Ihrer Analyse sollten Sie die Untersuchungsergebnisse gewichtend bündeln und darauf eingehen, inwieweit die anfangs dargestellten Intentionen umgesetzt wurden.*

Einleitung

Textart, Titel, Autorin, Jahr und Ort der Erscheinung

Der vorliegende Sachtext ist ein Auszug aus einem längeren Aufsatz der Sprachwissenschaftlerin Iris Forster mit dem Titel „Political Correctness/Politische Korrektheit“. Der Text wurde im Jahr 2010 von der Bundeszentrale für Politische Bildung veröffentlicht.

Thema und weitere inhaltliche Aspekte

Die Autorin thematisiert darin **die Gründe, die Erscheinungsformen sowie die Folgen einer „politisch korrekten Sprache“**. Sie stellt die Absichten und Forderungen ihrer Befürworter dar und geht darüber hinaus auch auf die Kritik ein, die von verschiedenen Seiten an einer solchen Sprachverwendung geübt wird. Kritisch befasst sie sich zudem mit Reglementierungen der Sprache als mögliche Konsequenz einer politisch korrekten Denkweise und Haltung. Besondere Aufmerksamkeit richtet sie dabei auf die sprachliche Entwicklung von Ausdrücken und Ersatzformen, die unter dem Vorzeichen der „Politischen Korrektheit“ ge- und erfunden wurden.

Adressaten und Intention der Autorin

Iris Forster untermauert und veranschaulicht ihre Schlussfolgerungen mit sprachwissenschaftlichen Argumenten und mit vielen alltagssprachlichen Beispielen. Der Text wirkt dadurch – trotz seines vordergründig eher theoretischen Themas – sehr konkret. Diese Wirkung sowie die klare Sprache des Textes lassen vermuten, dass die Verfasserin für Leserinnen und Leser schreibt, die unter dem Gesichtspunkt des Sprachwandels an politisch-gesellschaftlichen Fragen interessiert sind. Durch die differenzierte

Darstellungsweise, die den Gegenstand aus unterschiedlichen Perspektiven beleuchtet, möchte die Autorin über das Thema „Politische Korrektheit" zuerst möglichst **genau informieren**. Darauf deutet auch der knappe Titel des Aufsatzes hin, der wie das Schlagwort eines Lexikoneintrags klingt und keinerlei Wertungen enthält. Darüber hinaus sollen die Leserinnen und Leser aber auch dazu angeregt werden, ihren **eigenen Sprachgebrauch zu reflektieren** und, wenn nötig, **kritisch zu hinterfragen**.

Hauptteil

Aufbau (thematische Gliederung) und Argumentationsstruktur

Der Textauszug ist in sechs Sinnabschnitte gegliedert, die der Argumentationsstruktur folgen:

Iris Forster erläutert zu Beginn ihres Artikels die Argumentationsweise der Befürworter einer politisch korrekten Sprache (Z. 1–11). Das englischsprachige Einstiegszitat dient dabei als Aufhänger und als Gegenbeispiel zur Auffassung der „Verfechter" (Z. 2) von politischer Korrektheit. Im Gegensatz zum englischen Sprichwort – so lautet die These – sei **Sprache** möglicherweise „ein **weitaus wirkungsmächtigeres Instrument**" (Z. 5) als bloße körperliche Gewalt. Diese These entfaltet Iris Forster aus der Perspektive der PC-Befürworter, indem sie den Einfluss der jeweils verwendeten Sprache auf die gesellschaftliche und politische Wirklichkeit deutlich macht (vgl. Z. 6–9). Der Sprache werde in diesem Zusammenhang so viel Macht zugesprochen, dass sie nicht nur die Ansichten und die Haltung ihrer Benutzer beeinflusse, sondern darüber hinaus auch die öffentliche Meinung und „konkretes politisches Handeln" (Z. 8) bestimme. Der erste Absatz schließt mit einer Erläuterung der Bezeichnung „**politically correct**". Die aktuell verwendete Sprache sei dann politisch korrekt, wenn ihre Benutzer sich mit ihrem Gebrauch in bestimmten Verwendungszusammenhängen kritisch auseinandersetzen würden. Dies geschehe dann „auf Grundlage bestimmter Normen" (Z. 10 f.). Da die englische und deutsche Bezeichnung „politically correct/politisch korrekt" nebeneinander verwendet werden, lässt sich vermuten, dass diese Form der gesellschaftspolitisch motivierten Sprachkritik ursprünglich aus dem angelsächsischen Sprachraum stammt. Das zeigen auch einige der Beispiele für politisch korrekten Sprachgebrauch, die Iris Forster in ihrem Text anführt.

Haupthese

Begriffsklärung

Begründungen, Argumente für politisch korrekte Sprache

Nach dieser ersten Klärung werden zum einen **weitere Gründe** für „Politische Korrektheit" angeführt, zum anderen wird der **Entstehungsprozess** politisch korrekter Sprache skizziert (Z. 12–18). Unter der oben beschriebenen Voraussetzung, dass die jeweils verwendete Sprache menschliches Denken und Handeln beeinflusse, seien bestimmte sprachliche Wendungen mittels „Sprachreglementierungen“ (Z. 13) durch andere, weniger diskriminierende oder herabsetzende Bezeichnungen ersetzt worden. Diesen Prozess der Ächtung und Verdrängung politisch unkorrekter Ausdrücke durch neue korrekte Begriffe könne man demzufolge als eine Art „Sprachwandel“ auffassen (vgl. Z. 16). Die gute **Absicht**, die die Befürworter einer politisch korrekten Sprache verfolgten, sei es, durch Regelungen und Veränderungen des öffentlichen Sprachgebrauchs einer Diskriminierung durch Sprache entgegenzuwirken (vgl. Z. 16–18). Verkürzt lässt sich dieses Ziel als **kultureller „Bewusstseinswandel“ durch Sprachwandel** beschreiben.

Alltagsbeispiele für politisch korrekte Sprache

Iris Foster erläutert nun die **Funktionsweise sprachlicher Aufwertung oder Ausblendung** durch politisch korrekten Sprachgebrauch anhand mehrerer, z. T. bekannter **Alltagsbeispiele** (vgl. Z. 19–28). Häufig geht es dabei um die korrekte, weniger diskriminierende Bezeichnung von Menschen- oder Berufsgruppen. „*Inuit* statt *Eskimos, Sinti und Roma* statt *Zigeuner*“ (Z. 20 f.) sind allgemein geläufige Beispiele für Umbenennungen. Bestimmte Tätigkeiten mit schlechtem Ansehen werden durch neue Bezeichnungen aufgewertet, damit diejenigen, die sie ausüben, nicht abgewertet werden.

Funktionsweise sprachlicher Aufwertung

So gehöre es „[z]um guten Ton“ (Z. 22), die Putzfrau als Reinigungskraft oder als Raumpflegerin zu bezeichnen. Forster hebt in diesem Zusammenhang die **Bedeutung der Konnotationen** hervor. Ausdrücke, die einen negativen Beiklang haben, würden ersetzt durch neue Vokabeln, häufig Fremdwörter, die „bislang keinen Nebensinn hervorrufen“ (Z. 27 f.) oder sogar positive Assoziationen bewirken. Dadurch würden negativ empfundene Bedeutungsnuancen eines Begriffs ausgeblendet und der angenehmere Sinngehalt trete in den Vordergrund, sodass damit eine Aufwertung des bezeichneten Gegenstands, Sachverhalts oder Berufsbildes verknüpft sei.

Gegenposition der Kritiker

Nachdem die Absichten und Argumente der „Verfechter“ eines politisch korrekten Sprachgebrauchs erläutert worden sind, richtet Iris Forster ihr Augenmerk nun auf **Kritik und Gegenargumente** (Z. 29–40) und überhaupt „auf die Frage, wie sinnvoll derartige Sprachregelungen sind“ (Z. 30). Neben einer grundsätzlichen Polemik gegen Reglementierungswut und Intoleranz durch PC unterscheidet sie zwei kritische Gegenpositionen. Auf der einen Seite befänden sich **die konservativen Gegner**, die solchen liberalen Bestrebungen „prinzipiell ablehnend gegenüber" stünden (vgl. Z. 34). Auf der anderen Seite gebe es Kritiker, die trotz der guten und nachvollziehbaren Absichten der PC-Befürworter „die erwünschte Wirkung" infrage stellen würden (vgl. Z. 36). Hier wird offenbar der oben erwähnte enge Zusammenhang von Sprache, Denken und Handeln in Zweifel gezogen. In den Augen dieser Kritiker könne eine „Sprachpolitik", die reglementiere und verbiete, nicht „die tatsächlichen Ursachen von Rassismus, Sexismus sowie anderer Diskriminierung" überwinden (vgl. Z. 38 f.). Diese Gegenposition hebt also **die geringe Wirkung des Instruments Sprache** hervor. Die Alltagswirklichkeit lasse sich allein durch die Ächtung oder „Euphemisierung" (Z. 31) politisch unkorrekter Begriffe nicht nachhaltig verändern. Forster geht nun im nächsten Sinnabschnitt auf ein sprachliches Phänomen ein, das die Position dieser Kritiker oder Skeptiker zum Teil bestätigt oder zumindest bekräftigt (Z. 41–55). Dazu erläutert sie aus sprachwissenschaftlicher Perspektive die „[u]nbestritten[e]" Tatsache, dass sich auch „die neuen, ‚politisch korrekten' Ersatzausdrücke abnutzen können" (Z. 41 f.). Diese **Abnutzungserscheinungen** träten demnach immer dann auf, wenn auch die Neubildungen einen negativen Beiklang erhalten würden. Eine Konsequenz daraus sei, dass wiederum nach positiv konnotiertem Ersatz für den Ersatzausdruck gesucht werden müsse. Als weitere Konsequenz könne dies zu einer **Kette von Neuschöpfungen** führen. Iris Forster verdeutlicht dieses Phänomen der „Euphemismuskette" an einem bekannten **Beispiel aus Nordamerika**, das in die deutsche Sprache übernommen wurde: „*Neger – Schwarze – Farbige – Afro-Amerikaner*" (Z. 46 f.). Sie erklärt den Entwicklungsprozess dieser Folge von neuen Ausdrücken, die sicher zum Teil auch nebeneinander verwendet werden, damit, dass die Konnotationen der einzelnen Ersatzausdrücke vom ersten bis zum letzten Glied der Kette immer weniger ausschließenden, d. h. auch immer weniger diskriminierenden Charakter zeigen würden (vgl. Z. 47–55). Im letzten Glied dieser „Euphemismuskette" habe sich der Bedeutungsinhalt ganz von der Hautfarbe weg zur Herkunft der so bezeichneten Menschen bewegt. Ob diese sprachliche Aufwertung der Bezeichnung auch eine Verbesserung des Ansehens der bezeichneten Menschengruppe zur Folge hat, sei allerdings eine Frage, die die Kritiker des politisch korrekten Sprachgebrauchs bezweifeln würden.

Unterstützung, Beleg für die Gegenthese

Ein bekanntes Beispiel

Im Argumentationszusammenhang des Textes dient diese Darstellung einer „Euphemismuskette“ als Beispiel für mögliche **Herausforderungen und Schwierigkeiten** bei der Verwendung politisch korrekter Ausdrücke. Zudem ist dieses Beispiel der **Beleg für die These**, dass politisch korrekte Ersatzausdrücke sich mit der Zeit abnutzen. Dies führe möglicherweise zur Notwendigkeit „fortwährende[r] Neuschöpfung“ (Z. 43) – ein Umstand, der dargestellt, aber nicht bewertet wird. Die Verfasserin nimmt somit nicht einfach die Position der Kritiker ein, aber sie will deutlich machen, welche Konsequenzen die Forderung nach Politischer Korrektheit haben kann, wenn man sie aus sprachwissenschaftlicher Sicht zu Ende denkt.

Funktion des Beispiels

In ihrem Fazit greift Iris Forster noch einmal das englische Sprichwort vom Anfang auf und kommt zu einer **differenzierten Einschätzung** (Z. 56–65). Sie wägt ab zwischen der Notwendigkeit eines reflektierten Sprachgebrauchs und „unsinnigen, intoleranten Formulierungen“, wobei sie auf „die eigene **Sprachkompetenz**“ jedes Einzelnen vertraut (vgl. Z. 58 f.). Überall dort, wo andere durch Sprache verletzt werden könnten, solle man „alternative Formen wählen“ (Z. 62). Ihr Hinweis, dass dies immer vom jeweiligen Kommunikationszusammenhang abhängig sei, bleibt etwas vage (vgl. Z. 63). Von generellen Sprachverboten oder Vorschriften rät sie ab.

Schlussfolgerungen

Iris Forster gelingt es durch eine kritische und schlüssige Argumentation und Darstellungsweise, über „ein schwieriges Feld“ (Z. 56) alltäglicher, öffentlicher Kommunikation zu informieren. Die Struktur ihres Textes folgt dabei der bewährten Vorgehensweise, in das Thema und den Problemzusammenhang einzuführen, die Absichten und Ziele der Befürworter politisch korrekter Sprache darzustellen und ihnen Kritik und mögliche Einwände gegenüberzustellen. Dabei vermittelt sie den Gegenstand überzeugend und in einer zugänglichen Fachsprache, illustriert durch anschauliche Beispiele, sodass die Leserinnen und Leser für einen bewussteren Sprachgebrauch sensibilisiert werden. Offen bleibt dabei unter anderem die Frage, wie der beschriebene Prozess genau abläuft: **Wie, von wem** und **in welchen konkreten Kommunikationszusammenhängen** wird politisch korrekte Sprachverwendung in der Öffentlichkeit initiiert, getragen und gesteuert?

Abschließende Bewertung der Argumentation und der Intentionen

*Formulieren Sie eine knappe aufgabenbezogene Überleitung für den zweiten Teil der Aufgabenstellung, indem Sie die Analyseergebnisse aus dem ersten Teil nutzen. Stellen Sie dazu einen Bezug her zum **Begriff „Euphemismus“** und seiner Verwendung (im herkömmlichen Sinn als „Beschönigung“, um eine Person, einen Gegenstand oder einen Sachverhalt aufzuwerten). Gehen Sie zudem noch einmal kurz auf die **Funktion der „Euphemismusketten“** vor dem Hintergrund eines politisch korrekten Sprachgebrauchs ein (neue, beschönigende Ausdrücke werden notwendig, wenn sich die negative Bedeutung auf die verwendete Neubildung überträgt; dadurch entstehen sogenannte Ketten von Neubildungen mit scheinbar positiveren Konnotationen als die der alten Ausdrücke).*
*Beim Operator „**Stellung nehmen**“ wird von Ihnen erwartet, einen Sachverhalt oder eine bestimmte Position kritisch zu prüfen. Dabei gehen Sie am besten so vor, dass Sie Für-und-Wider- oder Sowohl-als-auch-Argumente darstellen und gegeneinander abwägen. Stellen Sie den Sachverhalt möglichst differenziert dar, um den Nutzen und die Sinnhaftigkeit der Verwendung der Ausdrücke im vorliegenden Beispiel zu bewerten.*
*Um zu einer begründeten Stellungnahme zu gelangen, müssen Sie die Konnotationen (vgl. Anmerkung: Assoziation, Beiklang, Nebensinn) der einzelnen „Glieder“ der „Euphemismuskette“ untersuchen. Die folgende Übersicht hilft Ihnen bei der **Klärung des Bedeutungsgehalts** der einzelnen Wortgruppen der Euphemismuskette in Bezug auf ihre positiven oder negativen Konnotationen und ihre Wirkung:*

Ausdruck /Neubildung:	**Wirkung positiv** (Aufwertung) ↑ **negativ**	**mögliche Konnotationen:**
• verhaltens**originelle** Kinder		begabt, kreativ, außergewöhnlich, einzigartig
• verhaltens**auffällige** Kinder		überraschend, ungewohnt, anormal, untypisch
• verhaltens**gestörte** Kinder		defekt, unbrauchbar, unsozial, aggressiv

*Damit Sie zeigen können, inwieweit die Neuschöpfungen sinnvoll und notwendig sind, sollten Sie den **lebensweltlichen Zusammenhang** berücksichtigen, in dem dieses Beispiel einer Euphemismuskette verwendet wird (Wer ist wo und wie beteiligt oder betroffen? – Z. B. Eltern, Kinder, Schülerinnen und Schüler, Lehrer, Erzieher). Darüber hinaus ist es wichtig, nach der **Absicht** zu fragen, die hinter einer Neuschöpfung steht: Was soll im Sinne der „Political Correctness“ durch den Euphemismus erreicht werden?*
*In einem abschließenden, kurzen **Fazit** können Sie auf Grundlage Ihrer Stellungnahme Möglichkeiten und Grenzen eines politisch korrekten Sprachgebrauchs aufzeigen.*

Auch wenn die Absichten der Befürworter politisch korrekten Sprachgebrauchs grundsätzlich zu befürworten sind, ist es vor dem Hintergrund der Ausführungen Iris Forsters legitim, die Frage zu stellen, wie sinnvoll und notwendig die konkreten sprachlichen Neubildungen in der Praxis sind.

Aufgabenbezogene Überleitung

Bevor anhand des vorgegebenen Beispiels dazu Stellung genommen werden kann, sind **die semantischen Veränderungen** der Euphemismuskette genauer zu untersuchen. Im Vergleich zum dargestellten Beispiel in Iris Forsters Text weist das zu untersuchende Beispiel einige Unterschiede auf. Bei den einzelnen Gliedern der Euphemismuskette „*verhaltensgestörte – verhaltensauffällige – verhaltensoriginelle Kinder*" handelt es sich immer um dieselbe Gruppe von Menschen: Kinder, die, vermutlich aus der Sicht Erwachsener, ein bestimmtes Verhalten zeigen. Unter sprachlichem Gesichtspunkt fällt auf, dass sich die jeweilige Neubildung nur auf einen Teil bzw. auf ein Merkmal des Attributs bezieht, mit dem das Verhalten der Kinder beschrieben werden soll. Es wurden also keine völlig neuen Ersatzausdrücke gebildet und auch keine Fachausdrücke oder Fremdwörter verwendet, um eine positive, beschönigende Wirkung zu erreichen. Zuerst sollte deshalb der Bedeutungsgehalt der einzelnen Elemente oder Wortgruppen dieses Beispiels geklärt werden.

Untersuchung des vorgegebenen Beispiels

Das Kompositum „*verhaltensgestört*" hat einen eindeutig negativen Beiklang. Wird es, wie im vorliegenden Beispiel, auf Kinder bezogen, so wird die herabsetzende Bedeutung des Attributs übertragen. Je nach Kontext könnte es den Nebensinn von „krankhaft", „psychisch nicht stabil", „unbrauchbar" oder „unsozial" enthalten, so wie Beziehungen oder Körperfunktionen „gestört" sein können. Das Verhalten dieser Kinder wird durch die Bezeichnung deutlich abgegrenzt vom „normalen", d. h. erwünschten Verhalten von Kindern, das keine Störungen zeigt. „*Verhaltensauffällig*" ist als Ersatzausdruck schon deshalb eine Aufwertung, weil das Merkmal „auffällig", im Sinne von „ungewöhnlich" oder „überraschend", positive Konnotationen aufweist. Gleichzeitig schwingen aber auch hier immer noch abwertende Bedeutungsnuancen mit wie „unpassend" oder „untypisch". Erst ein weiterer Ersatzausdruck schafft Abhilfe, da die Bezeichnung „*verhaltensoriginell*" keinen negativen Nebensinn mehr beinhaltet. Das Merkmal „originell" verbinden wir in der Regel mit

Konnotationen der einzelnen Attribute

außergewöhnlichem und kreativem Verhalten, sodass „verhaltensoriginelle Kinder" vermutlich als etwas Besonderes angesehen werden. Unter sprachlichem Gesichtspunkt haben sich in dieser „**Euphemismuskette**" die Bedeutungsvarianten von einem Ende zum anderen bewegt: von eher „problematischem" hin zu beinahe „vorbildlichem" Verhalten.

Begründete Stellungnahme: Argument für Neuschöpfungen

Inwieweit diese Neuschöpfungen im Sinne eines politisch korrekten Sprachgebrauchs sinnvoll oder notwendig sind, muss im **konkreten Kommunikationszusammenhang** betrachtet und bewertet werden. Dabei spielen zudem die Interessen und die Perspektive der in diesem Zusammenhang Beteiligten eine wichtige Rolle. Im Kontext von Schule und Erziehung ist es z. B. für betroffene Kinder und ihre Eltern nicht nur wünschenswert, sondern auch sinnvoll und notwendig, wenn nicht von „*verhaltensgestörten* Kindern" gesprochen wird. Diese Art von Herabsetzung und Ausgrenzung widerspricht den Gedanken von Gleichberechtigung und Inklusion in der Schule. Die Neubildung ist insofern auch politisch korrekt, weil Gleichberechtigung ein allgemeines, gesellschaftliches Ziel ist.

Argument gegen Neuschöpfungen

Andererseits ist es fraglich, ob der Ersatzausdruck *„verhaltensauffällig"* wirklich eine Verbesserung darstellt. In den meisten Situationen ist es vermutlich wenig hilfreich, von *„verhaltensauffälligen"* Kindern zu sprechen, da unklar bleibt, in welche Richtung sich die Auffälligkeit bewegt. Es klingt jedenfalls immer noch mit, dass diese Kinder besonderer Aufmerksamkeit oder Sorge bedürfen, ohne dass deutlich wird, welcher. Es bleibt die Gefahr einer negativen Etikettierung des Verhaltens einzelner Kinder. Die Neubildung „*verhaltensoriginell*e Kinder" vermeidet zwar einen negativen Beiklang, aber im schulischen oder pädagogischen Kommunikationszusammenhang bleibt der Ausdruck so **offen und unbestimmt**, dass die Beteiligten sich darunter wahrscheinlich nichts Konkretes vorstellen können. So angesprochene Kinder und ihre Eltern können sich geschmeichelt fühlen, ohne zu wissen, was sich dahinter verbirgt. Für Lehrerinnen und Lehrer kann diese Formulierung aber bestenfalls unbedeutend sein, weil sie zu wenige sachliche Informationen enthält, oder schlimmer – sie wird als eine „**lächerliche**[ ] **Euphemisierung**" empfunden (vgl. Iris Forster, Z. 31).

Resümee

Auch wenn es im öffentlichen Sprachgebrauch politisch korrekt ist, nicht pauschal von *„verhaltensgestörten"* oder *„verhaltens-*

auffälligen" Kindern zu sprechen, mag es in bestimmten Situationen sinnvoll und notwendig sein, Störungen oder Auffälligkeiten des Verhaltens zu benennen, sofern es einen seriösen Befund oder einen sachlichen Grund gibt.
An diesem Beispiel zeigen sich einige der „Unsicherheiten und Fallstricke", von denen Iris Forster in ihrem Aufsatz spricht (vgl. Z. 57). Wenn aber die Neuschöpfung weniger diskriminierend und dabei klar und aussagekräftig ist, so ist das Anliegen der Befürworter politisch korrekter Sprache grundsätzlich zu unterstützen. Auf diese Weise kann **politische Korrektheit** ein wichtiger **Maßstab für die Verbesserung des** öffentlichen und des eigenen **Kommunikationsverhaltens** sein.

NRW – Zentrale Klausur am Ende der Einführungsphase der gymnasialen Oberstufe – Übungsaufgabe V

Inhaltsfeld 3:	*Kommunikation*
Inhaltlicher Schwerpunkt:	*Gesprächsanalyse*
Aufgabenart II a:	*Analyse eines Sachtextes (hier mit weiterführendem Schreibauftrag)*

Aufgabenstellung:

1. Analysieren Sie das in der Zeitschrift „fluter" abgedruckte Gespräch, indem Sie
   - das Thema und die wichtigsten inhaltlichen Aspekte mit eigenen Worten zusammenfassen,
   - die Position des Sprachwissenschaftlers Martin Voigt hinsichtlich des veränderten Kommunikationsverhaltens Jugendlicher in sozialen Netzwerken und öffentlichen Medien herausarbeiten,
   - erklären, inwiefern der Titel „Herzscherz" die im Gespräch getroffenen Aussagen unterstreicht.

   (30 Punkte)

2. Beurteilen Sie, welche negativen Auswirkungen die im Gespräch dargestellten Phänomene einer emotionalisierten Sprache in unterschiedlichen Kommunikationssituationen haben können.

   (15 Punkte)

Imke Emmerich / Martin Voigt

Herzscherz

Wann tauchen die ersten Smileys in Schulaufsätzen auf? Eine spannende Frage für Sprachwissenschaftler Martin Voigt, der seine Doktorarbeit darüber schreibt, wie Mädchen ihre Freundschaften in sozialen Netzwerken inszenieren. Und wie all die Icons und falsch geschriebenen Liebesschwüre unsere Sprache beeinflussen.

IMKE EMMERICH für die Zeitschrift „fluter": Herr Voigt, erklären Sie mal: Was ist eine ABFFL?

MARTIN VOIGT: Das ist die allerbeste Freundin fürs Leben. Es gibt auch die ABF, ABFF und noch andere Versionen.

EMMERICH: Und was ist an der ABF heute anders? Früher haben wir uns doch auch gegenseitig aufs Federmäppchen gekritzelt und sind händchenhaltend über den Schulhof geschlendert.

VOIGT: Früher hatte man als Inszenierungsplattform[1] die Klasse, man saß genau wie heute zusammen auf dem Pausenhof. Neu ist, dass die Muster einer Mädchenfreundschaft selbst eine viel größere Aufmerksamkeit bekommen durch die Thematisierung in öffentlichen Netzwerken. [...] Die Mädchen haben angefangen, Bilder hochzuladen, auf denen sie mit der Freundin abgebildet sind, sie haben die Freundschaft inszeniert. Das hat eine Emotionalisierung[2] angestoßen. Durch Sprache und Bilder ist in den sozialen Netzwerken eine Normierung[3] entstanden, ein bestimmter Mädchentypus. Einige Mädchen nennen sich in der Berufsbezeichnung auch selbst Schulmädchen oder beste Freundin.

[...]

EMMERICH: Gibt es denn den ABK nicht, den allerbesten Kumpel?

VOIGT: Jungs machen so etwas auch, aber anders. Die Ursachen liegen in der Freundschaftskonstruktion. Bei Jungen spricht man eher von einer „Side by side"-Freundschaft, einem Schulterschluss: gemeinsam auf eine Herausforderung, ein Problem oder eine Sportart fixiert sein. Jungs thematisieren ihre Beziehung an sich nicht so sehr, das war noch nie so und wird wahrscheinlich auch nie so sein. Allerdings bekommen Jungs natürlich mit, wie die Mädchen drauf sind. Wenn sie flirten, übernehmen sie diese Emotionalität manchmal.

[...]

EMMERICH: Die Gästebucheinträge, die Sie untersucht haben, lesen sich manchmal wie aneinandergereihte Beziehungsphrasen: Ich hab dich so lieb, wir sind immer füreinander da, wir haben schon so viel durchgemacht.

VOIGT: Wenn Sie sich hinsetzen und Ihrer Oma einen Brief schreiben, haben Sie einen bestimmten Schreibduktus[4] im Finger: „Liebe Oma, herzlichen Dank für das Weihnachtsgeschenk." Diese Mädchen benutzen ebenfalls ein bestimmtes Vokabular, einen bestimmten Stil. Die Bausätze werden bei Bedarf mit Inhalt gefüllt, manchmal bleibt es aber auch nur beim Gerüst: „Hey Schatz, will dich nicht verlieren, hab dich so unendlich lieb, bin immer für dich da." Auch vis-à-vis[5] hat diese Gästebuchkultur bestimmte Muster geprägt. Vor 30 Jahren haben Mädchen auch zusammen gelacht und geweint, aber heute klingt dieses Hochemotionale durch, als wenn sich zwei 80-Jährige schreiben: „Wir haben schon sooo viel zusammen durchgemacht."

EMMERICH: „Ich liebe dich" ist ja ein sehr starker, emotionaler Satz der deutschen Sprache. Welche Bedeutung hat er denn noch für die Schulmädchen, wenn sie ihn so inflationär[6] gebrauchen?

VOIGT: Das ist die Frage. Es gehört dazu, so große Gefühle alltäglich zu zeigen und somit eine soziale Kompetenz zu erfüllen. Eine SMS hat niemand anderes mitgelesen, es war egal, ob da „hdl" oder „Bussi" stand. Aber wenn die Kommunikation öffentlich ist und eine Freundin ihrer Klassenkameradin schreibt „Ich liebe dich", man selbst schreibt aber nur „hdl", passt das nicht mehr. „Ich liebe dich“ wird so mit der Zeit natürlich zu einer Höflichkeitsfloskel. Andererseits kann ein tief empfundenes Gefühl durchaus damit verbunden sein – vor dem Hintergrund, wie wichtig so eine beste Freundin ist. Für Erwachsene ist dieses öffentliche Zelebrieren[7] von Gefühlen unglaubwürdig.

[…]

EMMERICH: Ihnen haben Lehrer davon berichtet, dass ihre Schüler Abkürzungen aus dem Netz, zum Beispiel „ka“ für „keine Ahnung“ oder „iwie“ für „irgendwie“, in der Klasse beim Sprechen benutzt haben. Haben die Teenies solche sprachlichen Spielereien eigentlich schon verinnerlicht?

VOIGT: Ich habe Zettelchen gefunden, auf denen handschriftlich Tastenzeichen für Emoticons benutzt wurden. Die waren wahrscheinlich aber bewusst platziert, um zu zeigen: Hier knüpfe ich an das an, was wir im Internet schon an emotionaler Bindung aufgebaut haben. Ob sich Sprache insgesamt verändert dadurch, ist schwierig zu sagen. Wenn man E-Mails von heute mit denen vor fünf Jahren vergleicht, sieht man, dass heute auch Geschäftspartner Smileys benutzen. Kommunikative Nähe hält auch im Schriftlichen immer mehr Einzug, der Ton wird lockerer. […] Ich würde gerne mal in Schulaufsätzen schauen, ob an Satzenden manchmal ein Smiley auftaucht.

EMMERICH: Muss man die deutsche Sprache vor Einflüssen aus der Online-Kommunikation beschützen?

VOIGT: Aus einer sprachpflegerischen Perspektive kann man natürlich sagen, dass durch Vereinfachungen und Reduzierungen von grammatischen Konstruktionen Wortvielfalt und ein Ausdruckspotenzial verloren gehen. Aber man muss vielleicht auch nicht überbewerten, was da passiert. Sprache ist ja etwas Lebendiges. […]

Quelle: *fluter*. Ausgabe 46, Frühjahr 2013, S. 22 – 24

Anmerkungen:

1 *Inszenierungsplattform:* Möglichkeit, sich selbst darzustellen; Bühne, Forum
2 *Emotionalisierung:* Wecken von Gefühlen
3 *Normierung:* Vereinheitlichung
4 *Schreibduktus:* bestimmte Art und Weise zu schreiben; stilistische Eigenart
5 *vis-à-vis:* frz. „von Angesicht zu Angesicht“
6 *inflationär:* übermäßig (sodass ein Gegenstand oder sein Inhalt wertlos wird)
7 *Zelebrieren:* etwas feiern oder feierlich gestalten

Lösungsvorschlag

*Da es sich bei diesem Sachtext um ein Gespräch in **Form eines Interviews** handelt, sind einige Gesichtspunkte bei der Bearbeitung zu beachten:*
*Zuerst müssen Sie herausarbeiten, auf welche inhaltlichen Aspekte die „fluter“-Redakteurin bei ihren Fragen besonderen Wert legt. Als Nächstes untersuchen Sie die Antworten des Befragten im Hinblick darauf, ob er die Fragen angemessen beantwortet. Es empfehlen sich also auch hier **mehrere Leseschritte**. Nachdem Sie das Gespräch einmal vollständig gelesen haben, richten Sie den Blick zuerst auf die Interviewfragen und deren **intendierte Fragerichtung:** Zu welchem thematischen Aspekt möchte die Interviewerin eine Antwort? Dann erst können Sie im Detail darstellen und beurteilen, inwieweit der Sprachwissenschaftler Martin Voigt auf die Fragen sachadäquat und vollständig eingeht. Um die Fragen und Antworten nach ihrer Relevanz und Wichtigkeit zu unterscheiden, sollten Sie bereits in Ihrer Einleitung das zentrale **Thema des Interviews** deutlich hervorheben. Hier gibt die Vorbemerkung zum Interview einige Hinweise. Im Kern geht es dabei um die Frage, inwiefern das Kommunikationsverhalten in sozialen Netzwerken unsere Sprache beeinflusst. Zu dieser Frage führen **wichtige Teilaspekte**, denen sich wiederum Schlüsselbegriffe zuordnen lassen, wie „Mädchenfreundschaften“, „Emotionalisierung“ oder „Beziehungsphrasen“. Beziehen Sie sich bei Ihren Ausführungen auf diese Begriffe, um das Thema des Gesprächs möglichst vollständig zu entfalten und um die Intentionen der Fragen und Antworten zu erfassen.*
*Die Teilaufgaben, die die Analyse des Gesprächs gliedern, lassen sich als Erarbeitungsschwerpunkte einer aspektorientierten Untersuchung des gesamten Gesprächs verstehen. Nachdem Sie in einer kurzen **Einleitung** die Gesprächsteilnehmer, die Textart, den Titel sowie Erscheinungsort und -jahr benannt haben, stellen Sie im **Hauptteil** Ihrer Analyse, wie in der ersten Teilaufgabe gefordert, das Thema und die wichtigsten inhaltlichen Aspekte des Interviews dar. Ordnen Sie Nebenaspekte den zentralen Fragen und Antworten unter, um so die Position Martin Voigts bezüglich der Kernfrage herauszuarbeiten. Unterscheiden Sie dabei Argumente (Begründungen) und Beispiele und erläutern Sie Ihre Befunde mit geeignetem Analyse- und Beschreibungsvokabular („vergleichen“; „schlussfolgern“; „bewerten“ o. Ä.).*
*Bei der Klärung des dritten Erarbeitungsschwerpunkts müssen Sie den Bedeutungsunterschied zwischen dem Titel und seinem Bezugswort berücksichtigen. Der **Titel „Herzscherz“** kann hier als eine ironische Wendung des bekannten Kompositums „Herzschmerz“ verstanden werden. Diese Variante verweist auf Mitteilungsformen, die in der Internet-Kommunikation gebräuchlich sind:*

„Herzschmerz"	→	„Herzscherz"
ursprüngliche wörtliche Bedeutung: krank sein aus Liebe, gleichbedeutend mit „Liebeskummer"	ironische Wendung neuer Bedeutungsinhalt mögliche Absicht: Distanzierung, Kritik	ins Gegenteil gewendete, nicht wörtlich gemeinte Aussage, z. B. markiert durch sogenannte *Emoticons* wie ;-)

Schließen Sie Ihre Analyse mit einem kurzen ***Fazit*** *ab, in dem Sie die wichtigsten Ergebnisse entsprechend den Teilaspekten der Aufgabenstellung zusammenfassen.*

Einleitung
Textart, Titel, Interviewpartner, Ort und Jahr der Erscheinung

Unter dem Titel „Herzscherz" ist der vorliegende Textauszug in der Online-Zeitschrift „fluter", dem Jugendmagazin der Bundeszentrale für politische Bildung, im Frühjahr 2013 erschienen. Dabei handelt es sich um die gekürzte Textfassung eines Interviews, das die „fluter"-Redakteurin Imke Emmerich mit dem Sprachwissenschaftler Martin Voigt geführt hat.

Thematischer Schwerpunkt des Gesprächs

Aus der Vorbemerkung zu diesem Gespräch erfährt man, dass Martin Voigt ein Sprachwissenschaftler ist, der sich vor allem mit der Frage beschäftigt, inwiefern das **Kommuniktionsverhalten Jugendlicher in sozialen Netzwerken** die Sprache beeinflusst (vgl. Z. 2 ff.). Imke Emmerich kreist den thematischen Schwerpunkt durch ihre Fragen weiter ein. Dabei zielt sie besonders darauf ab zu zeigen, dass dieses Kommunikationsverhalten durch eine auffällig **gefühlsbetonte Sprache** gekennzeichnet ist und dass diese Sprache vor allem von Mädchen verwendet wird. Im Kern geht es in ihrem Interview um die Frage, wie Mädchen heutzutage ihre Freundschaften mithilfe des Internets öffentlich in Szene setzen.

Hauptteil
Zusammenfassung inhaltlicher Aspekte

Da der Text ein Gespräch wiedergibt, besitzt er weder eine geschlossene Argumentationsstruktur noch einen einheitlichen Aufbau. Die thematische Gliederung des Textes folgt den Fragen der Redakteurin. Trotzdem lassen sich aus den Fragen und Antworten zentrale inhaltliche Aspekte erschließen.
Bereits mit ihrer ersten Frage knüpft Emmerich an ein bekanntes Beispiel der sogenannten Netzsprache an, die in Blogs, E-Mails oder SMS verwendet wird, wenn es um **Freundschaft** geht. So können Abkürzungen, wie „ABFFL", für „die allerbeste Freundin fürs Leben" (Z. 7) als Abgrenzung oder als Erkennungszeichen einer Sprechergruppe dienen, aber die Interviewerin

möchte offenbar auf etwas anderes hinaus. Sie interessiert die **Veränderung der Einstellung**, die hinter der sprachlichen Ausdrucksform steht. Martin Voigt macht deutlich, dass sich zwischen früher und heute die Art und Weise geändert habe, wie „die Freundschaft inszeniert“ werde (Z. 17). Im Gegensatz zu früher würden nicht mehr nur die Klasse oder Lerngruppe, sondern öffentliche Netzwerke als „**Inszenierungsplattform**“ (Z. 12) dienen. Dabei seien bestimmte „Muster einer Mädchenfreundschaft“ (Z. 13 f.) entstanden. Voigt nennt als Konsequenz dieser Entwicklung zum einen eine feststellbare „Emotionalisierung“ (Z. 17 f.) durch Sprache und Bilder, zum anderen eine „Normierung“ (Z. 18 f.) des sprachlichen Ausdrucks sowie der Verhaltensweisen.

Hauptaussage: Inszenierung von Freundschaften

Konsequenz: Emotionalisierung

Da bereits an dieser Stelle deutlich wird, dass es um Mädchenfreundschaften geht, ist die Frage, ob es denn nicht auch den „ABK“ gebe, den „allerbesten Kumpel“ (Z. 23), zwar interessant, sie bleibt aber ein thematischer Nebenaspekt des Gesprächs. Voigt führt dazu aus, dass es bei Jungen offenbar ein anderes **Konzept von Freundschaft** gebe als bei Mädchen, das weniger über die Thematisierung der Beziehung selbst als über gemeinsame Erfahrungen funktioniere (vgl. Z. 23–29).

Unterschiede zu Jungen

Imke Emmerich lenkt das Gespräch mit dem nächsten Impuls wieder auf die sprachlichen **Ausdrucksformen** der „Emotionalisierung“ von Mädchenfreundschaften. Wenn man die Einträge in Foren sozialer Netzwerke lese, würden einem regelrechte „Beziehungsphrasen“ (Z. 32) auffallen, also feste, **formelhafte Wendungen**, mit denen Mädchen über ihre Gefühle sprächen. Voigt vergleicht diese wiederkehrenden Formulierungen mit sprachlichen „Bausätze[n]“ (Z. 37), in denen Mädchen „ein bestimmtes Vokabular, einen bestimmten Stil“ vorfänden (Z. 36 f.), genauso wie das in früheren Zeiten beim Schreiben von Briefen gewesen sei, für das es auch vorgegebene Formulierungen und stilistische Regeln gegeben habe. Die wesentlichen Unterschiede zu früher sieht er aber darin, dass heute auch der mündliche Sprachgebrauch durch den Netzjargon geprägt werde und dass „dieses Hochemotionale“ (Z. 42) bereits ein fester Bestandteil im Kommunikationsverhalten der Mädchen sei.

Sprachliche Muster der Emotionalisierung

Die Redakteurin greift eines der Beispiele auf, die Voigt in diesem Zusammenhang zur Veranschaulichung anführt, indem sie nach dem möglichen Verlust des Bedeutungsgehalts von inflationär gebrauchten Freundschaftsbekundungen wie „Ich liebe dich" fragt (vgl. Z. 44 ff.). Voigt gibt hier eine überraschende Antwort, weil er den Bedeutungsgehalt dieser gefühlsbetonten Redewendung vom öffentlichen Kommunikationszusammenhang, in dem sie verwendet wird, trennt. Es sei der Zweck der alltäglichen und öffentlichen Demonstration „große[r] Gefühle", „eine soziale Kompetenz zu erfüllen" (Z. 47 f.). Dies hat zur Folge, dass die öffentliche Inszenierung privater Freundschaften offensichtlich einen wechselseitigen **Reaktionsdruck** ausübt. Gegenseitige Freundschaftsbekundungen würden sich deshalb in der Ausdrucksstärke und in ihrem Grad an Emotionalität angleichen. Somit wird deutlich, dass die Notwendigkeit der emotionalen Steigerung von „Höflichkeitsfloskeln" ihren Verschleiß beschleunigt. Voigt merkt aber auch an, dass Mädchen mit diesen Floskeln möglicherweise „ein tief empfundenes Gefühl" ausdrücken wollten, das Erwachsenen schon durch sein öffentliches Zurschaustellen fragwürdig erscheine (vgl. Z. 52–55).

Funktion emotionalisierter Phrasen in öffentlichen Netzwerken

Der **letzte Teil** des Gesprächs (Z. 57–76) behandelt den Aspekt des Sprachwandels aufgrund einer emotionalisierten Sprache in sozialen Netzwerken. Emmerich verknüpft diesen Gesichtspunkt abschließend mit der Frage, ob die deutsche Sprache vielleicht sogar bedroht sei und vor den Einflüssen aus der Online-Kommunikation geschützt werden müsse (vgl. Z. 70 f.). Hinsichtlich des ersten Punkts verweist Martin Voigt auf die Schwierigkeit, sichere Aussagen über eine Veränderung der deutschen Sprache insgesamt zu machen. Seine Untersuchungen zeigten jedoch, dass der Ton in elektronischer Kommunikation durch die „[k]ommunikative Nähe" (Z. 67), an die man sich mittlerweile gewöhnt habe, lockerer geworden sei. So würden auch Erwachsene in ihrem Schriftverkehr mittlerweile ganz selbstverständlich sogenannte **Emoticons** verwenden, um Gefühle oder Ironie auszudrücken (vgl. Z. 65 ff.). Die letzte Frage dieses Gesprächsauszugs beantwortet Voigt, indem er davor warnt, die beschriebenen Phänomene überzubewerten. Eine **unmittelbare Gefahr** für die deutsche Sprache durch die Einflüsse der Online-Kommunikation **erkennt er** demnach **nicht**, auch wenn Sprachkritiker eine Vereinfachung und Verarmung der Sprache befürchten würden (vgl. Z. 73 ff.).

Sprachwandel durch Emotionalisierung der Sprache?

Gefahr eines Sprachverfalls?

Am Ende des Gesprächs wird die Position Martin Voigts bezüglich des Themas und der zentralen Fragestellungen **am deutlichsten**. Als Sprachwissenschaftler möchte er in erster Linie die

Zusammenfassung der Position Voigts

dargestellten Phänomene untersuchen, wie die Emotionalisierung der Sprache oder wie die Inszenierungsmuster von Mädchenfreundschaften in sozialen Netzwerken, und ihre Auswirkungen auf das Kommunikationsverhalten **beschreiben**. Aus diesem Grund nimmt er auch keine deutliche sprachkritische Position ein, die diese Konsequenzen bewertet. Die Befunde, die Voigt für die Veränderung sprachlicher Gewohnheiten anführt und durch anschauliche Beispiele belegt, zeigen, dass einige „sprachliche [...] Spielereien" (Z. 60) bereits so sehr verinnerlicht wurden, dass sie nun zur Alltagskommunikation gehören. Bezüglich der Frage, ob die deutsche Sprache vor diesen Veränderungen beschützt werden müsse, empfiehlt er **Gelassenheit**, mit dem Hinweis darauf, dass Sprache etwas Lebendiges und damit schon immer einem Wandel unterworfen gewesen sei (vgl. Z. 75 f.).

Bezug zum Titel „Herzscherz"

Intentionen der zentralen Aussagen

Der Titel des Interviews korrespondiert nicht nur mit der beobachtenden Perspektive des Sprachwissenschaftlers, sondern er macht auch die **Zielrichtung** der Aussagen deutlich. Es soll gezeigt und veranschaulicht werden, wie gerade die schriftliche Kommunikation durch Abkürzungen, Zeichen und vor allem durch starken Gefühlsausdruck beeinflusst wird. Beschrieben wird also ein Phänomen des aktuellen Sprachwandels. Als Variante des Kompositums „Herzschmerz" kann die Wortneuschöpfung „Herzscherz" als **ironisch** interpretiert werden, da es in der Kommunikation junger Mädchen zwar um große Gefühle geht, aber meist nicht um echten Liebeskummer aus enttäuschter Liebe. Zwar sagt Martin Voigt nicht, dass die „hochemotionalisierten" Ausdrücke und Redewendungen, mit denen Mädchenfreundschaften öffentlich inszeniert würden, grundsätzlich scherzhaft zu verstehen seien, aber er macht deutlich, dass sie nicht so emotional tiefgründig und ernst gemeint seien, wie sie klingen. Insofern unterstreicht der Titel „Herzscherz" besonders Deutungen, die die vielen alltäglichen, starken „Beziehungsphrasen" (Z. 32) zwar als verbale Gefühlsausdrücke verstehen, aber meist keine echten Erfahrungen oder ernst gemeinten Liebesschwüre vermuten.

Abschließende Bewertung

Der Titel, mit dem das Interview überschrieben wurde, **weckt Neugier** darauf, was hinter dieser Wortneuschöpfung stecken mag, und schafft es dadurch, auch sprachwissenschaftlich weniger Interessierte für das Thema zu begeistern. Häufig geht es beim Thema Sprachwandel nur um die Kennzeichnung und Klassifizierung beobachtbarer Phänomene. Martin Voigt verdeutlicht in diesem Gespräch überzeugend, aus welchen Gründen emotionalisierte Sprachmuster im Netz entstehen und mit welcher Absicht sie verwendet werden. Er geht sogar so weit zu behaupten, dass sich die „emotionale Bindung“, die man durch die Internet-Kommunikation aufgebaut habe, auf die Alltagskommunikation übertrage (vgl. Z. 63 f.).

Die zweite Aufgabe enthält nur einen Bearbeitungsschwerpunkt und ihr Anspruch liegt darin, dass Sie im weiterführenden Schreibauftrag selbstständig einen ***Bezug*** *zwischen dem Befund einer emotionalisierten Sprache und konkreten Kommunikationssituationen herstellen sollen. Der Operator „beurteilen“ zielt darauf ab, dass Sie auf der Grundlage der erarbeiteten Ergebnisse zu einer begründeten Einschätzung möglicher Konsequenzen der im Interview dargestellten Phänomene gelangen.*
Prüfen Sie deshalb zuerst, welche Sprachverwendungszusammenhänge denkbar oder möglich sind, in denen diese Phänomene emotionalisierter Sprache eine Rolle spielen können. Dies sind vorwiegend schriftliche Kommunikationssituationen, es sind aber auch mündliche denkbar. Um die Auswirkungen zu beurteilen, machen Sie den jeweiligen ***Kontext*** *der gewählten Kommunikationssituation deutlich. Wer kommuniziert mit wem? Um welches Thema oder um welche Frage geht es in der Situation? Es kann sich um unterschiedliche alltägliche Kontexte wie Schule, Familie oder Beruf handeln. Wählen Sie zwei unterschiedliche Kommunikationssituationen aus, die Sie Ihrer Einschätzung zugrunde legen.*
Bedenken Sie, dass die Aufgabe so formuliert ist, dass auf problematische, d. h. ***misslingende Kommunikation****, im Sinne von gestörter Kommunikation oder von Missverständnissen, abgezielt wird. Die Leitfrage Ihrer Überlegungen sollte deshalb lauten: In welchen Kommunikationssituationen kann sich emotionalisierte Sprache nachteilig oder problematisch auswirken? An dieser Stelle können Sie auf Ihre Kenntnisse über Kommunikationsmodelle zurückgreifen. Besonders die* ***Beziehungsseite von Kommunikation****, wie sie beispielsweise Watzlawick und Schulz von Thun hervorheben, bietet hier konkrete Anhaltspunkte, ohne dass Sie auf ein spezielles Kommunikationsmodell eingehen oder es im Detail darstellen müssen. Inwiefern die meisten Nutzer einer emotionalisierten Sprache in der Lage sind, unterschiedliche* ***Sprachebenen und Sprachvarietäten*** *zu unterscheiden, ist möglicherweise ein interessanter Aspekt, mit dem Sie die Aufgabe resümierend abschließen können.*

Im „fluter“-Interview belegt der Sprachwissenschaftler Martin Voigt seine Untersuchung zur Inszenierung von Mädchenfreundschaften in sozialen Netzwerken mit nachvollziehbaren Argumenten und Beispielen. Dabei stellt er den veränderten Sprachgebrauch in einem speziellen, sprachwissenschaftlich fokussierten Rahmen vor. Welche **Konsequenzen** emotionalisierte Sprache haben kann, wenn sie in unterschiedlichen Kommunikationssituationen verwendet wird, dieser Frage soll im Folgenden nachgegangen werden. Aufgabenbezogene Überleitung

Dafür müssen diese Situationen zunächst näher **bestimmt und eingegrenzt** werden. Darüber hinaus ist zu überlegen, welche konkreten Auswirkungen möglich sind.

Auswirkungen haben die beschriebenen Phänomene einer emotionalisierten Sprache vor allem in Kommunikationszusammenhängen, in denen sie nicht als sprachliches Muster oder als „Höflichkeitsfloskel“ verstanden oder akzeptiert werden. Oder, um den Titel des Interviews zu verwenden, dort, wo sie nicht als „Herzscherz“ aufgefasst werden. Wenn beispielsweise ein Satz wie „Ich liiiieb diiich so, main Shadz!“ weder als Beziehungsphrase noch als Ironie aufgefasst wird, entsteht ein Kommunikationsproblem. Es geht also darum, in welchen Situationen diese Abkürzungen, Floskeln, Übertreibungen oder Zeichen, mit denen Gefühle oder Ironie kommuniziert werden sollen, **problematisch** werden, weil sie anders verstanden werden als sie gemeint sind und deshalb zu misslingender Kommunikation führen. Bestimmung der Kommunikationssituation

In den Modellen von Sprach- oder Kommunikationswissenschaftlern wie Watzlawick oder Schulz von Thun ist die Beziehungsebene in einer Kommunikation immer besonders wichtig. Hier zeigt sich das Verhältnis der Gesprächsteilnehmer zueinander. Häufig ist es durch Ungleichheit geprägt. Deshalb ist zwischenmenschliche Kommunikation hier besonders **störanfällig**, gleichgültig, ob es sich um eine mündliche oder schriftliche Kommunikationssituation handelt. Das soll an zwei Beispielen verdeutlicht werden. Hinweis auf Beziehungsseite in Kommunikationsmodellen

Eine Bewerberin oder ein Bewerber schließt das Bewerbungsschreiben mit dem Satz ab: „Über eine positive Rückmeldung Ihrerseits würde ich mich freuen ☺“. In einer anderen Kommunikationssituation klebt ein Mädchen einem Mitschüler, der ihr zweimal bei den Hausaufgaben geholfen hat, ein Zettelchen ins Heft: „Hey, Schatz, bin dir sooooo dankbar für deine Hilfe in Mathe! XXX“ Beispiele

Im ersten Beispiel führt die witzig gemeinte Ergänzung des Icons, das die Vorfreude auf eine Einladung zum Bewerbungsgespräch unterstreichen soll, wahrscheinlich dazu, dass die Sprach- oder Kommunikationskompetenz der Bewerberin oder des Bewerbers **angezweifelt** wird. Beim Verfassen eines Bewerbungsschreibens muss man sich über die Rolle oder die Position, die man dem möglichen Arbeitgeber gegenüber einnimmt, im Klaren sein. Auch wenn dieses Zeichen als spielerischer Umgang mit der Sprache verstanden wird, hat es in diesem **Kontext** nichts zu suchen.

Mögliche Auswirkungen

Die sprachliche Emotionalisierung im zweiten Beispiel wird durch die Anrede und durch die Abkürzung am Ende der Nachricht bewirkt. (XXX steht hier für dreimal „Küsschen".) Die Schülerin benutzt sprachliche Ausdrücke, die nach Voigt meist nur Mädchen untereinander verwenden. Die Ungleichheit wird in dieser Kommunikationssituation nicht durch die Rolle, sondern durch das Geschlecht bestimmt. Der sprachliche Gefühlsausdruck muss aber nicht zwangsläufig zu einem Missverständnis führen. Wenn dem Adressaten bewusst ist, dass hinter dem Überschwang an Emotion vermutlich ein einfaches Dankeschön steht, ist die **Kommunikationsfunktion** der Nachricht erfüllt. Wenn aber der emotionale Ausdruck, z. B. aus dem Wunsch nach einer näheren Beziehung, missverstanden wird, kann sich der Empfänger der Nachricht möglicherweise in dieser Hoffnung bestätigt sehen, was jedoch gar nicht beabsichtigt war.

Die angeführten Beispiele zeigen, dass sprachliche Emotionalisierung auch unbeabsichtigte Konsequenzen haben kann. Wie bei anderen Phänomenen des Sprachwandels – ob Ethnolekt, Netzjargon oder Anglizismen – kommt es bei der Frage nach den Auswirkungen auf den jeweiligen Sprachverwendungszusammenhang an. Problematisch kann gefühlsbetonte Sprache immer dann werden, wenn sie dem Kontext nicht angemessen ist, weil er andere **Sprachkonventionen** erfordert. In den meisten Kommunikationssituationen sollten wir aber darauf vertrauen, dass die Sprachnutzer, insbesondere jugendliche Mädchen und Jungen, zwischen den **Sprach- und Stilebenen unterscheiden** und angemessen wechseln können.

Abschließende Beurteilung

NRW – Zentrale Klausur am Ende der Einführungsphase der gymnasialen Oberstufe – Übungsaufgabe VI

Inhaltsfeld 4:	*Medien*
Inhaltlicher Schwerpunkt:	*digitale Medien und ihr Einfluss auf Kommunikation*
Aufgabenart IV:	*Materialgestütztes Verfassen eines Textes mit fachspezifischem Bezug*
Thema der Übungsaufgabe:	*Hate Speech im Netz*

Aufgabenstellung:

Situation: Sie sind Vertreterin bzw. Vertreter im Jugendparlament Ihrer Kommune. Da auf der Website der Kommune immer wieder auch Hasskommentare gepostet werden, hat man das Jugendparlament gebeten, ein informierendes Schreiben vorzubereiten, das auf die Probleme der „Hate Speech" im Netz aufmerksam macht und sich insbesondere an junge Menschen richtet. Das Schreiben soll auf der Website der Kommune veröffentlicht werden. (Für ältere Bürgerinnen und Bürger wird eine gesonderte Information verfasst.)

Arbeitsauftrag:

Verfassen Sie auf Grundlage der Materialien M 1 bis M 6 und Ihrer Kenntnisse aus dem Unterricht diesen informierenden Text, indem Sie

- den Anlass des Schreibens zum Thema „Hate Speech" und seine Bedeutsamkeit darstellen,
- den Begriff „Hate Speech", seine Ausprägungen und Auswirkungen erklären,
- erläutern, wie man „Hate Speech" begegnen kann,
- und abschließend begründet an die Besucherinnen und Besucher der Website appellieren, eine angemessene Kommunikationskultur zu praktizieren.

Der Text sollte ca. zwei gedruckte DIN-A4-Seiten, also etwa fünf Spalten auf Klausurbögen, umfassen.

(45 Punkte)

M 1: Medienkompetenzportal NRW – Definition von Hate Speech

Hate Speech

Hetze, Hass und Diskriminierung haben im Internet in den letzten Jahren massiv zugenommen. Soziale Netzwerke, Foren und Kommentarbereiche von (Online-) Medien werden zunehmend für die Verbreitung von abwertenden und menschenverachtenden Statements genutzt – das Phänomen „Hate Speech". Auch im Deutschen hat sich dieser englische Begriff für „Hassrede" etabliert. Er beinhaltet zum einen eindeutig sexistische oder rassistische Beleidigungen oder die Anstiftung zur Gewalt, Hate Speech kann aber auch subtilere[1] Formen annehmen. Verschiedene Akteure aus Wissenschaft und Medienpädagogik, aus Politik und Gesellschaft beschäftigen sich mit dem Thema, versuchen Ursachen und Wirkmechanismen zu erfassen und Gegenstrategien zu entwickeln.

Das Medium: Eigenheiten des Netzes begünstigen Hate Speech

Hate Speech ist kein reines Netz-Phänomen, sondern speist sich aus realen Macht- und Diskriminierungsstrukturen. Doch das Internet sorgt für eine Art Enthemmungseffekt. Schließlich lassen sich hier Meinungen, die im realen Leben oft nur von einer Minderheit offen vertreten werden, schnell per Mausklick veröffentlichen und finden sofort eine große Bühne. So stellte der Sprachwissenschaftler Anatol Stefanowitsch fest: „Die Hassrede ist keine Konsequenz der sozialen Netze, sondern die sozialen Netze liefern ihr nur einen bequemen Weg von den Stammtischen direkt in die Öffentlichkeit." Neben der Einfachheit der Kommunikation im Netz sorgen auch das Fehlen eines direkten Gegenübers sowie die Möglichkeit, anonym zu bleiben, für ein weiteres Fallen von Hemmschwellen. Darüber hinaus wissen die Verfasser von Hassbotschaften meist, dass sie wahrscheinlich nicht zur Rechenschaft gezogen werden.

Quelle: Hate Speech – Hass im Netz, AJS & Landesanstalt für Medien NRW, Februar 2019, https://www.medienkompetenzportal-nrw.de/themen-dossiers/hate-speech.html

Anmerkung:
1 *subtil:* verfeinert und daher schwerer zu durchschauen

M 2: Bundeszentrale für politische Bildung: Strafrechtliche Konsequenzen von Hate Speech

„Merkel muss öffentlich gesteinigt werden."

Konsequenz: 2 000 Euro Strafe

Beispiel für gesetzeswidrigen Hasskommentar im Netz und seine gerichtliche Bestrafung (© Stiftung Warentest)

Quelle: https://www.bpb.de/252408/strategien-gegen-hate-speech

M 3: Gesetzestexte des Grundgesetzes und des Strafgesetzbuches

Grundgesetz für die Bundesrepublik Deutschland Art. 5

(1) Jeder hat das Recht, seine Meinung in Wort, Schrift und Bild frei zu äußern und zu verbreiten und sich aus allgemein zugänglichen Quellen ungehindert zu unterrichten. Die Pressefreiheit und die Freiheit der Berichterstattung durch Rundfunk und Film werden gewährleistet. Eine Zensur findet nicht statt.

(2) Diese Rechte finden ihre Schranken in den Vorschriften der allgemeinen Gesetze, den gesetzlichen Bestimmungen zum Schutze der Jugend und in dem Recht der persönlichen Ehre.

StGB
Strafgesetzbuch

§ 185 Beleidigung

Die Beleidigung wird mit Freiheitsstrafe bis zu einem Jahr oder mit Geldstrafe und, wenn die Beleidigung mittels einer Tätlichkeit begangen wird, mit Freiheitsstrafe bis zu zwei Jahren oder mit Geldstrafe bestraft.

§ 186 Üble Nachrede

Wer in Beziehung auf einen anderen eine Tatsache behauptet oder verbreitet, welche denselben verächtlich zu machen oder in der öffentlichen Meinung herabzuwürdigen geeignet ist, wird, wenn nicht diese Tatsache erweislich wahr ist, mit Freiheitsstrafe bis zu einem Jahr oder mit Geldstrafe und, wenn die Tat öffentlich oder durch Verbreiten von Schriften (§ 11 Abs. 3) begangen ist, mit Freiheitsstrafe bis zu zwei Jahren oder mit Geldstrafe bestraft.

§ 187 Verleumdung

Wer wider besseres Wissen in Beziehung auf einen anderen eine unwahre Tatsache behauptet oder verbreitet, welche denselben verächtlich zu machen oder in der öffentlichen Meinung herabzuwürdigen oder dessen Kredit zu gefährden geeignet ist, wird mit Freiheitsstrafe bis zu zwei Jahren oder mit Geldstrafe und, wenn die Tat öffentlich, in einer Versammlung oder durch Verbreiten von Schriften (§ 11 Abs. 3) begangen ist, mit Freiheitsstrafe bis zu fünf Jahren oder mit Geldstrafe bestraft.

M 4: Amadeu-Antonio-Stiftung[1]: Hate Speech

Hassrede (Hate Speech) ist kein sprachwissenschaftlicher, sondern ein politischer Begriff mit mehr oder weniger starken Bezügen zu juristischen Tatbeständen. […] Die im europäischen Zusammenhang relevante politische Definition […] fasst unter diesem Begriff „alle Ausdrucksformen, die Rassismus, Fremdenfeindlichkeit, Antisemitismus oder andere Formen [von] auf Intoleranz beruhendem Hass verbreiten, dazu anstiften, sie fördern oder rechtfertigen; einschließlich von Intoleranz, die sich in aggressivem Nationalismus und Ethnozentrismus[2], der Diskriminierung und Feindseligkeit gegenüber Minderheiten, Migranten/Migrantinnen und Menschen mit Migrationshintergrund äußert" (Ministerkomitee des Europarats, Empfehlung R (97) 20, 30. 10. 1997, meine Übersetzung).

Sprachwissenschaftliche Definitionen orientieren sich allgemein an dieser politischen Definition. […] Aus sprachwissenschaftlicher Perspektive stellen sich zwei Fragen: erstens, was es bedeutet, sprachlich „Hass auszudrücken", und zweitens, welche sprachlichen Ausdrucksmittel zu diesem Zweck zum Einsatz kommen. Bezüglich der ersten Frage gehen einige Autoren/Autorinnen davon aus, dass Hassrede dann vorliegt, wenn der/die Sprechende Hass empfindet und/oder erreichen will, dass Dritte Hass empfinden […]. In der öffentlichen Diskussion wird der intentionalen[3] Definition häufig eine Definition aus Betroffenenperspektive entgegengesetzt: Hassrede liegt dann vor, wenn es Menschen gibt, die sich durch diese Rede herabgesetzt oder verunglimpft fühlen. Als Grundlage einer Definition ist die Betroffenenperspektive sicher besser geeignet als die Intention des Sprechenden. Sie darf allerdings nicht individualisiert verstanden werden […]. Um aus sprachwissenschaftlicher Sicht als Hassrede zu gelten, muss eine sprachliche Äußerung […] von einem wahrnehmbaren Teil der Sprachgemeinschaft als herabwürdigend und/oder verunglimpfend gegenüber einer Bevölkerungsgruppe verstanden werden […].

Das ist vor allem dort der Fall, wo die Herabwürdigung und/oder Verunglimpfung von einem wahrnehmbaren Teil der Sprachgemeinschaft als Teil der konventionellen[4] Bedeutung eines sprachlichen Ausdrucks betrachtet werden. Solche Ausdrücke finden sich am sichtbarsten in jenem Bereich des Wortschatzes, in dem die deutsche Sprache uns eine Vielzahl von Ausdrücken liefert, die entweder über die Zuschreibung von bzw. Einschränkung auf bestimmte stereotype[5] Eigenschaften (Schlitzauge, Fotze, Arschficker, Mongo) oder direkt über das Wissen um ihre Verwendungszusammenhänge (Kanake, Tussi, Schwuchtel, Spast) eine pejorative, also abwertende Wirkung entfalten. […]

Während Ausdrücke mit einer klar pejorativen Bedeutung die deutlichste Erscheinungsform von Hassrede sind, kann eine Äußerung eine Bevölkerungsgruppe auch herabwürdigen und/oder verunglimpfen, ohne solche Ausdrücke zu enthalten. Auch dann fällt sie unter die Definition von Hassrede. Im einfachsten Fall ist die

Herabwürdigung/Verunglimpfung ein expliziter[6] Teil der Aussage, z. B. in „(Alle) Griechen sind faul“. Sprachwissenschaftlich interessanter und im Alltag schwerer zu erkennen sind aber Fälle, in denen die Aussage selbst zunächst harmlos oder sogar positiv wirkt, und die Hassrede Teil einer zum Verständnis der Äußerung notwendigen stillschweigenden Grundannahme ist. Ein Satz wie „Er ist Grieche, aber total fleißig“ scheint ja einem speziellen Griechen eine positive Eigenschaft zuzuschreiben. Durch die Verbindung der beiden Satzteile mit dem Wort „aber“ wird jedoch kommuniziert, dass der Fleiß der betroffenen Person unerwartet ist; das kann sie aber nur vor dem Hintergrund der Annahme sein, dass Griechen/Griechinnen normalerweise faul seien. Politische Gruppen verwenden diese Strategie der impliziten[7] Hassrede häufig: Wenn eine Partei etwa ständig betont, dass Migranten/Migrantinnen willkommen seien, „solange sie sich an unsere Gesetze halten“, ist dies ja zunächst eine fast schon trivial[8] harmlose Aussage, denn selbstverständlich sollen sich alle Menschen an Gesetze halten. Die Aussage wird aber dadurch zu einer Verunglimpfung von Migranten/Migrantinnen, weil sie nur dann einen Sinn ergibt, wenn wir annehmen, dass Migranten/Migrantinnen sich normalerweise nicht an Gesetze halten.

[…] Zum Schluss sei noch angemerkt, dass Hassrede auch aus sprachwissenschaftlicher Perspektive kein vorrangig sprachliches, sondern ein gesellschaftliches Problem darstellt. Sprachliche Ausdrücke beschreiben und bewerten nicht (bzw. nicht nur). Sie erzeugen vielmehr ein Verständnis der (vorsprachlichen) physikalischen Realität[9] und gesellschaftliche Realität(en), die als allgemeingültig verstanden werden und deshalb nicht ohne Weiteres hinterfragt werden können. Hassrede ist also nicht (nur) ein Problem des kommunikativen Umgangs oder der „Verbreitung, Anstiftung, Förderung oder Rechtfertigung“ von Hass, sie ist zentral an der Erzeugung des Hasses und der für den Hass notwendigen Denkmodelle beteiligt – einem Hass, der […] historisch immer wieder die Grundlagen für die Zerstörung der betreffenden Gruppen gelegt hat.

Anatol Stefanowitsch, Professor für Sprachwissenschaft an der Freien Universität Berlin

Quelle: Anatol Stefanowitsch: Was ist überhaupt Hate Speech?, Amadeu Antonio Stiftung, S. 11 f., https://www.amadeu-antonio-stiftung.de/w/files/pdfs/hatespeech.pdf

Anmerkungen:

1 *Amadeu-Antonio-Stiftung:* Die im Jahr 1998 gegründete Einrichtung setzt sich *dafür* ein, die Zivilgesellschaft in Deutschland gegen Rechtsextremismus, Rassismus und Antisemitismus zu stärken.
2 *Ethnozentrismus:* Ansicht, wonach das eigene Volk anderen Völkern überlegen ist
3 *intentional:* auf eine bestimmte Wirkung zielend
4 *konventionell:* gewöhnlich
5 *stereotyp:* verallgemeinernd, klischeehaft
6 *explizit:* ausdrücklich
7 *implizit:* einbegriffen, nicht ausdrücklich
8 *trivial:* nichtssagend, banal
9 *pysikalische Realität:* im Sinne von *Wirklichkeit*

M 5: Umfrage zur Einschätzung von Hassbotschaften 2018

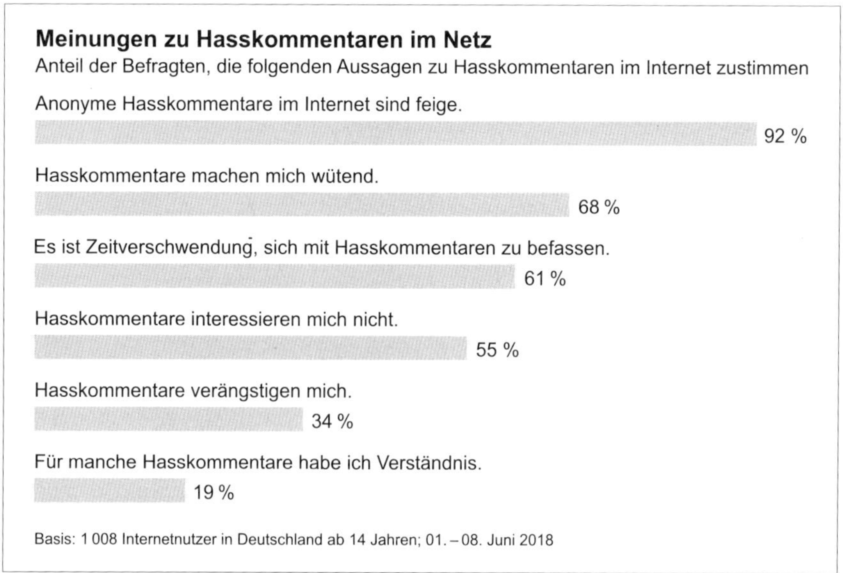

Quelle: Forsa-Studie: Hassrede, Landesanstalt für Medien Nordrhein-Westfalen, Juni 2018, S. 9, https://www.medienanstalt-nrw.de/fileadmin/user_upload/lfm-nrw/Foerderung/Forschung/Dateien_Forschung/forsaHate_Speech_2018_Ergebnisbericht_LFM_NRW.PDF

M 6: Amadeu-Antonio-Stiftung: Gegenstrategien

GEGENSTRATEGIEN

Im Umgang mit Hate Speech gibt es verschiedene Möglichkeiten, die alle Vor- und Nachteile haben.

Ignorieren

Vorteil: Die Störer_innen bekommen keine Aufmerksamkeit, um die es meistens geht. Debatten laufen sich tot.

Nachteil: Debatten werden von lauten, aggressiven Gruppen dominiert. Diskriminierung wird reproduziert, so dass Debatten für Minderheiten und marginalisierte[1] Gruppen abschreckend sind.

Moderieren[2]

Vorteil: Moderieren eröffnet Räume für plurale[3] Debatten und echten Austausch. Menschen, die Diskriminierung täglich ausgesetzt sind, ziehen sich langfristig zurück, so dass ihre Perspektive keine Rolle mehr spielt. Eine klare Moderation verhindert diese Ausschlüsse.

Nachteil: Aufwändig und teuer. Debattenteilnehmer_innen werden verzerrt dargestellt, wenn die problematischen Beiträge kommentarlos gelöscht werden und andere Beiträge ebenso unkommentiert gestattet sind. Und da stellt sich die Frage: Sollten die Nutzer_innen wissen, dass der freundliche Honigbienen-Experte auch gerne mal rassistisch argumentiert?

Beispiel: Beleidigungen, Kommentare abseits vom Thema („Off-Topic") und destruktives Debattenverhalten löschen oder verschieben.

Diskutieren

Vorteil: Journalist_innen und die Häuser, unter deren Flagge die Debatten stattfinden, haben eine besondere Autorität, so dass Diskussionen stark beeinflusst werden können. Hinzu kommt, dass viele Nutzer_innen an einer Debatte interessiert und für Informationen grundsätzlich offen sind.

Nachteil: Noch aufwändiger und teurer, da mehr Zeit investiert werden muss. Auch kostet es viele Nerven und ist anstrengend.

Beispiel: Problematische Aussagen thematisieren. Zusätzliche Quellen anbieten.

Ironisieren

Vorteil: Die Journalist_innen können Haltung beweisen und gleichzeitig die Absurdität einiger Diskussionsbeiträge aufzeigen. Auch ist es ein Ventil für Frustrationen, die durch Debatten entstehen. Außerdem lassen sich Diskussionen mit humoristischen Elementen erstaunlich gut lenken.

Nachteil: Die Diskussion wird dadurch kaum befördert, Dialog nicht ermöglicht – die Fronten verhärten sich.

Beispiel: Kommentar: Da habt ihr doch keine Wahl ihr Lügner ... ihr seid nur Instrumente!!
Antwort „Die Welt": Ich bin eine Oboe. Und das lasse ich mir von dir auch nicht verbieten.

Quelle: Gegenstrategien: Was tun gegen Hate Speech?, Amadeu Antonio Stiftung, S. 22, https://www.amadeu-antonio-stiftung.de/w/files/pdfs/hatespeech.pdf

Anmerkungen:

1 *marginalisiert:* an den Rand gedrängt

2 *moderieren:* hier im Sinne des Leitens einer Diskussion, auch bezogen auf die Betreuung einer Diskussion in sozialen Netzwerken, z. B. durch einen Webmaster

3 *plural:* von (gleichberechtigter) Vielfalt geprägt

Lösungsvorschlag

Das materialgestützte Verfassen eines Textes ist mit einer sehr ***umfangreichen Aufgabenstellung*** *verbunden. Diese besteht aus der* ***Darstellung der Kommunikationssituation****, innerhalb derer der zu erstellende Text zu verorten ist, und dem* ***eigentlichen Aufgabenapparat****. Lesen Sie die gesamte Aufgabenstellung sehr sorgfältig durch. Sie gibt Ihnen nicht nur Hinweise auf den* ***Inhalt*** *des zu erstellenden Informationstextes, sondern auch auf dessen* ***Gestaltung****.*

Zur Kommunikationssituation: Sie schlüpfen in die Rolle eines Vertreters oder einer Vertreterin des Jugendparlaments Ihrer Heimatstadt. Damit nehmen Sie also eine ***offizielle öffentliche Perspektive*** *ein und keine private. Sie schreiben* ***für junge Menschen****, die die Website Ihrer Stadt, also eine* ***formale repräsentative Veröffentlichungsplattform****, besuchen. Damit ist ein eingegrenzter* ***Adressatenkreis*** *definiert, auf den Sie Ihre sprachliche Gestaltung ausrichten müssen. Aus dieser Kombination von Sender (offizieller Vertreter) und Empfänger (junge Leute) und Publikationsort (Website Ihrer Stadt) ergibt sich die* ***stilistische Ebene Ihres Informationsschreibens****. Sie bedienen sich also einer* ***normgerechten Sprache****, dürfen aber zugleich einen etwas lässigeren Ton anschlagen, z. B. in der Anrede die Du- oder Ihr-Form verwenden. Da das zu verfassende Schreiben einen* ***informativen Charakter*** *haben soll, steuern Sie eine überwiegend sachliche Ausdrucksebene an. Auch das Thema „Hate Speech“, das ein großes gesellschaftliches Problem aufgreift, erfordert eine sachliche Darstellung. Zudem ist ein Anlass für das Schreiben vorgegeben, die Hasskommentare auf der Website Ihrer Heimatstadt, was Sie in der Einleitung aufgreifen können.*

Damit ist der Blick auch auf den ***Arbeitsauftrag*** *gerichtet. Dieser gibt Ihnen* ***in vier Teilschritten*** *vor, wie Sie das Schreiben verfassen sollen, und bietet somit eine* ***Struktur*** *für den zu erstellenden Text.*

Sie beginnen also mit der ***Einleitung****, in der Sie den oben bereits erwähnten Anlass aufgreifen und das Thema „Hate Speech“ und die Bedeutsamkeit darstellen, sich damit zu beschäftigen. Eventuell können Sie auch ein Beispiel als Aufhänger benutzen. Dazu finden Sie in den Materialien Hinweise.*

Der Hauptteil enthält die ***vertiefte Beschäftigung*** *mit dem Thema. Sie sollen genau klären, was der Begriff „Hate Speech“ bedeutet, in welchen Formen Hate Speech auftritt und welche Auswirkungen sie hat. Dazu gehört auch, dass Sie Möglichkeiten aufzeigen, wie man auf Hassrede reagieren könnte.*

Das Schreiben soll mit einem Appell enden. Am ***Schluss*** *wenden Sie sich also (erneut) an Ihre Adressatinnen und Adressaten. Vielleicht gelingt es Ihnen, nicht nur mit dem moralischen Zeigefinger zu winken, sondern auch etwas Positives einzubringen.*

Um den Text verfassen zu können, müssen Sie die beigefügten Materialien sehr sorgfältig lesen. Nehmen Sie auch die Worterklärungen zu Hilfe. ***Markieren Sie***

beim zweiten Lesedurchgang Textpassagen, die Sie später verwenden wollen. *Zur effektiven Nutzung der Materialien können Sie auch eine kurzgefasste* ***Tabelle*** *auf einem Konzeptblatt erstellen und notieren, welches Material wie für die Texterstellung verwendet wird, z. B. so:*

Material	***Inhalt***	***Verwendung für***
M 1	*Kurzerklärung Hate Speech → Internet*	*Schluss*
M 2	*Beispiel Hasskommentar*	*Einleitung*
M 3	*Gesetzestexte*	*Hauptteil → Auswirkungen*
	usw.	

Nachdem Sie den Text verfasst haben, sollten Sie sich noch die Zeit nehmen, ihn ***Korrektur zu lesen*** *– einmal unter der* ***sprachlichen*** *Perspektive (Rechtschreibung, Grammatik, Zeichensetzung und Stilebene) und einmal unter der* ***Prüfung der Aufgabenstellung:*** *Habe ich alle Bestandteile der Aufgabe berücksichtigt und alle Materialien sinnvoll verwendet? Achten Sie darauf, dass Sie nicht in der sonst üblichen Form zitieren können, sondern – falls erforderlich – die Angabe über die Herkunft einer Information explizit in Ihrem Text nennen. Ihre fiktiven Leserinnen und Leser haben ja die Quellen nicht zur Verfügung. Sie dürfen aber darauf hinweisen, woher eine Information ursprünglich stammt. Beispielsweise beruht die abgebildete Statistik (vgl. M 5) auf einer Umfrage der Landesanstalt für Medien Nordrhein-Westfalen.*

„Merkel muss öffentlich gesteinigt werden.“ – Dieser Post ist ein Beispiel für Hate Speech, also Hassrede, die eindeutig **beleidigend ist oder zur Gewaltanwendung aufruft**. Sicherlich habt ihr auch schon mehrfach Hasskommentare lesen müssen oder seid sogar Opfer solcher Posts geworden. Eine Statistik der Landesanstalt für Medien NRW besagt, dass 68 % der Befragten **wütend über Hasskommentare** sind und ein Drittel sogar von ihnen **verängstigt** wird. Leider sind auch im **Kommentarbereich der Website** unserer Stadt immer wieder Hasskommentare zu finden. Das sind alarmierende Fakten und sie bewegen uns als Vertreterinnen und Vertreter des kommunalen Jugendparlaments dazu, einmal genauer auf das Problem der Hate Speech einzugehen.

Einleitung
Anlass des Schreibens; Bedeutsamkeit des Themas
Verwendung von M 2 und M 5

Der Ausdruck „Hate Speech“ stammt aus dem Englischen, bedeutet übersetzt „Hassrede“ und hat sich auch im deutschen Sprachraum etabliert. Er ist zunächst ein **politischer Begriff**, wie der Linguistik-Professor Stefanowitsch von der FU Berlin bemerkt. Politisch deshalb, weil er Äußerungen bezeichnet, die **rassistisch, fremdenfeindlich, antisemitisch** oder in anderer Weise **intolerant** sind und **Hass verbreiten, zu Gewalt aufrufen** oder **Hass und Gewalt legitimieren**. Die Sprachwissenschaft greift diese Sichtweise auf und unterscheidet bei Hate Speech zwei mögliche Definitionen. **Die erste, intentionale beschäftigt sich damit, was es genau bedeutet, Hass auszudrücken.** Demnach liegt dann Hate Speech vor, wenn der Sprecher oder Verfasser selbst Hass empfindet und mit seiner Äußerung auch erreichen möchte, dass der Hass verstanden und ebenfalls vom Hörer oder Leser nachempfunden wird. Hier kann es allerdings sein, dass jemand unwissentlich einen Hasskommentar verfasst, ohne selbst Hass zu empfinden oder verbreiten zu wollen, zum Beispiel beim missglückten Gebrauch von Satire oder Humor. Blondinenwitze könnten in diese Kategorie fallen. **Die zweite Definition erfolgt aus der Sicht der Betroffenen.** Demnach liegt dann Hate Speech vor, wenn der Adressat sich beleidigt oder verletzt fühlt. Allerdings darf der Adressat dies nicht allein so empfinden, sondern schon ein größerer Teil der Sprecher muss diese Äußerung als herabwürdigend verstehen. Man denke zum Beispiel an das „Zigeunerschnitzel“. Sinti und Roma fühlen sich durch den Begriff „Zigeuner“ diskriminiert, ein größerer Teil der Sprachgemeinschaft hat im Zuge der Bemühung um Political Correctness verstanden, dass der Begriff nicht mehr benutzt werden darf.

Hauptteil
Erklärung des Begriffs „Hate Speech“
Verwendung von M 4

eigenes Wissen oder Kenntnisse aus dem Unterricht

Anders als beim gerade genannten Beispiel verstehen die Sprecher direkt das Beleidigende einer Äußerung, wenn die Begriffe eindeutig negativ sind. Das ist der Fall, wenn sie sich auf **stereotype Eigenschaften** beziehen (z. B. beim Wort „Schlitzauge“) und/oder per se abwertend gebraucht werden (z. B. der Begriff „Spast“). Manchmal sind es nicht einzelne Wörter, sondern ganze Aussagen, die diskriminieren, ohne eines der gerade genannten Phänomene zu enthalten. („Alle Griechen sind faul.“) Noch subtiler sind solche Aussagen, die freundlich daherkommen, aber Teil einer diskriminierenden Grundannahme sind. („Er ist Grieche, aber total fleißig.“) Man bezeichnet dies als **Strategie der**

Ausprägungen von Hate Speech
Verwendung von M 4

impliziten Hassrede, die von manchen politischen Parteien besonders gern benutzt wird, um unliebsame Gruppen zu verunglimpfen.

Besonders das Netz wird dazu genutzt, um Hate Speech zu verbreiten. Der Weg ist **bequem** – einfach ein Klick und der Post ist veröffentlicht. Man bleibt **anonym** und es gibt auch **kein direktes Gegenüber**, dem man beim Beleidigen in die Augen sehen muss. Daher bezeichnen auch 92 % der Befragten der oben erwähnten Umfrage anonyme **Hasskommentare als feige**. Aber die Konsequenzen sind beträchtlich, besonders für die Beleidigten, die unter den **Verletzungen leiden**. Ihr habt sicherlich auch schon einmal von Personen aus dem öffentlichen Leben gehört, die ihre Accounts (zumindest vorübergehend) in den sozialen Netzwerken stillgelegt haben, weil sie die Hasskommentare nicht mehr ertragen konnten, wie zum Beispiel Ed Sheeran oder Justin Bieber.

Auswirkungen von Hate Speech

Verwendung von M 1 und M 5, eigenes Wissen

Nicht zu vernachlässigen sind auch die Konsequenzen für die Verfasserinnen und Verfasser, sollten sie doch erwischt werden. Der oben zitierte Merkel-Post kostet nämlich **2 000 Euro Strafe**. Vielen Verfassern ist gar nicht bewusst, dass sie mit Hate Speech gegebenenfalls einen **Strafbestand** erfüllen. Zwar sichert das Grundgesetz den Bürgerinnen und Bürgern **Meinungsfreiheit** zu, diese wird aber eingeschränkt, wenn es beispielsweise um den **Schutz der Jugend** oder die **persönliche Ehre** geht. Wird Letztere verletzt, greifen die Gesetze § 185 bis § 187 des Strafgesetzbuches, die Beleidigungen, üble Nachrede und Verleumdung je nach Tatbestand mit Geldstrafen oder sogar Freiheitsstrafen bis zu fünf Jahren ahnden.

Verwendung von M 2 und M 3

Neben den möglichen juristischen Folgen sind aber die Auswirkungen auf das **Zusammenleben in der Gesellschaft** viel beachtlicher. Denn **sprachliche Äußerungen** beschreiben und bewerten nicht nur gesellschaftliche Realität, sondern sie **erzeugen auch das Bild dieser Wirklichkeit**. Also im Fall von Hate Speech sind sie nicht nur Ausdruck von Hass, Verachtung und Diskriminierung, sondern sie tragen dazu bei, bestimmte Denkweisen hervorzurufen bzw. zu etablieren. Wenn jemand fortgesetzt im Netz liest, dass beispielsweise Migranten schuld an Verbrechen seien oder den Sozialstaat ausnutzen würden, dann glaubt er dies irgendwann und hinterfragt es nicht mehr. Und leider zeigt die deutsche Geschichte, dass der Hass auf einzelne Gruppen zu exzessiver physischer Gewalt führen kann.

Verwendung von M 4

Vielleicht stellt ihr euch nun die Frage, wie man denn überhaupt **auf Hate Speech reagieren** soll, besonders im Netz, das von großer Meinungs- und Themenvielfalt und natürlich auch Anonymität geprägt ist. Viele Befragte der Umfrage zu Hassbotschaften sind der Meinung, es sei **Zeitverschwendung**, sich damit zu befassen (61 %), oder es interessiere sie nicht (55 %). Das ist grundsätzlich eine mögliche Strategie und für die eigene **Psychohygiene**, also für den Erhalt der psychischen Gesundheit, sicherlich hilfreich. Allerdings spielt man damit den Hatern in die Karten und die Betroffenen erfahren so keine Unterstützung. Manchmal hilft es auch, mit einem **humorvollen oder ironischen Kommentar** zu reagieren. So zeigt man seine eigene Meinung und ein Hasskommentar läuft ins Leere. Andererseits kann diese Reaktion auch zu verhärteten Fronten führen oder sie wird schlichtweg nicht als Ironie verstanden. Man kann aber auch in die Diskussion einsteigen und **mit Fakten argumentieren** – doch nur, wenn man die Nerven dazu besitzt; einen echten Hater zu überzeugen, ist sicherlich gar nicht so einfach. Möglich ist auch, sich an den **Moderator oder Webmaster** eines Accounts oder einer Website zu wenden und **Hate Speech zu melden**. Das ist oft eine sinnvolle Reaktion, denn häufig können Gruppenverwalter oder Seitenbetreiber gar nicht alles verfolgen, was gepostet wird.

Erläuterung, wie man Hate Speech begegnen kann

Verwendung von M 5 und M 6

Bitte nutzt gerade auch die letzte Möglichkeit, wenn ihr Hate Speech auf der Website unserer Stadt findet. Wir Vertreterinnen und Vertreter des Jugendparlaments legen viel Wert darauf, dass es **hier keine Hasskommentare zu lesen** gibt. Das ist **schädlich für das Image** unserer Stadt und wir wollen **keine Menschen in unserem Umfeld beleidigt** sehen. Und vor allen Dingen: **Bemüht euch auch selbst um eine Kommunikationsweise ohne Hate Speech.** Nutzt nicht die Anonymität des Internets, um Stammtischparolen in die breite Öffentlichkeit zu tragen. Das Internet ist zu **kostbar, um es den Hatern zu überlassen**. Machen wir etwas Gutes daraus!

Schluss

Appell an die Besucherinnen und Besucher der Website

Verwendung von M 1 und M 6

PRÜFUNGSAUFGABEN

NRW – Zentrale Klausur am Ende der Einführungsphase der gymnasialen Oberstufe – Prüfungsaufgabe 2018

Inhaltsfeld 1:	*Sprache*
Inhaltlicher Schwerpunkt:	*Aspekte der Sprachentwicklung*
Aufgabenart IV:	*Materialgestütztes Verfassen eines Textes mit fachspezifischem Bezug*

Aufgabenstellung:

Situation: Im Zusammenhang mit einem Unterrichtsvorhaben „Sprache im Wandel" haben Sie sich auch mit dem Thema „Sprachverfall und Sprachkritik" beschäftigt. Ein Mitschüler stellt die Frage in den Raum, ob eine Beteiligung des Kurses an der Wahl des Unwortes des Jahres eine geeignete Form der Sprachkritik darstellen könnte. Da vielen Mitschülerinnen und Mitschülern diese Aktion jedoch gar nicht bekannt ist, erklären Sie sich bereit, einen informierenden Text zu dieser Aktion zu verfassen.

Arbeitsauftrag:

Verfassen Sie auf der Grundlage der Materialien M 1 bis M 6 sowie Ihrer Kenntnisse aus dem Unterricht diesen informierenden Text für Ihren Kurs, indem Sie

- das Thema und seine Bedeutung einführend darstellen,
- die Zielsetzungen der Aktion „Unwort des Jahres" benennen sowie zentrale Aspekte des Auswahlverfahrens beschreiben,
- Argumente, die für, und Argumente, die gegen eine solche Aktion sprechen, erläutern und
- abschließend eine begründete Empfehlung an den Kurs aussprechen.

(45 Punkte)

M 1: Unwort des Jahres: Das Auswahlverfahren der Unwörter (2018)

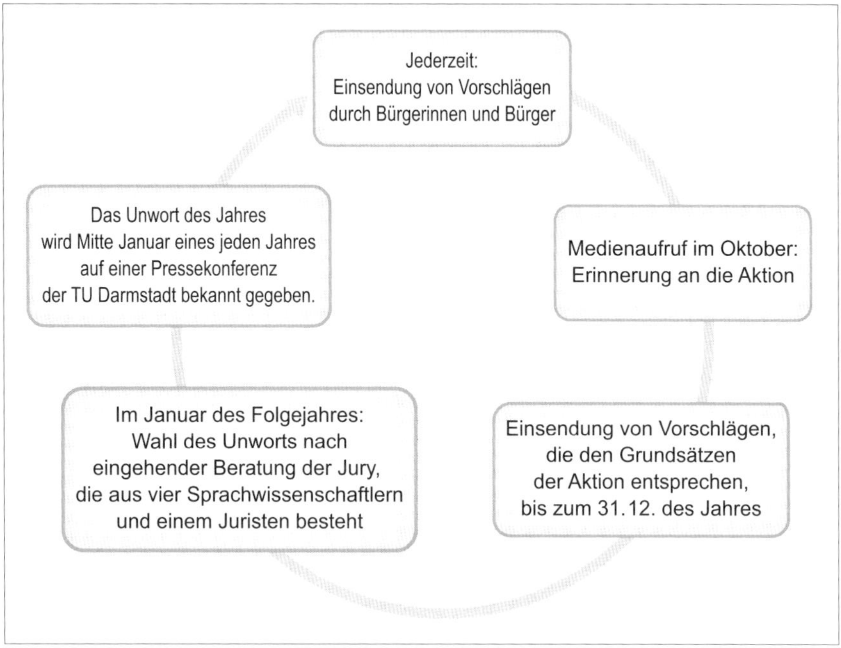

Quelle: Unwort des Jahres: Das Auswahlverfahren der Unwörter.
eigene Darstellung nach http://www.unwortdesjahres.net/index.php?id=verfahren

M 2: Unwort des Jahres: Die Grundsätze (2018)

Die Aktion „Unwort des Jahres“ möchte auf öffentliche Formen des Sprachgebrauchs aufmerksam machen und dadurch das Sprachbewusstsein und die Sprachsensibilität in der Bevölkerung fördern. Sie lenkt daher den sprachkritischen Blick auf Wörter und Formulierungen in allen Feldern der öffentlichen Kommunikation, die gegen sachliche Angemessenheit oder Humanität verstoßen, zum Beispiel:

- weil sie **gegen das Prinzip der Menschenwürde** verstoßen, […]
- weil sie **gegen Prinzipien der Demokratie** verstoßen (z. B. *alternativlos* als Haltung/Position in der politischen Diskussion, um eine solche zu vermeiden und sich der Argumentationspflicht zu entziehen),
- weil sie **einzelne gesellschaftliche Gruppen diskriminieren** (z. B. durch unangemessene Vereinfachung oder Pauschalverurteilung, wie etwa *Wohlstandsmüll* als Umschreibung für arbeitsunwillige ebenso wie arbeitsunfähige Menschen),

- weil sie **euphemistisch**[1]**, verschleiernd oder gar irreführend** sind (z. B. *freiwillige Ausreise* als Behördenterminus für die nur bedingt oder gar nicht freiwillige Rückkehr von Asylbewerbern in ihre Heimatländer aus Abschiebehaftanstalten).

Wesentlich ist, dass die betreffenden Wörter und Formulierungen öffentlich geäußert wurden, eine gewisse Aktualität besitzen und der Äußerungskontext bekannt bzw. belegt ist. Die Anzahl der Unterstützerinnen und Unterstützer eines Vorschlags spielt dagegen im Unterschied zu den genannten inhaltlichen Kriterien keine Rolle.

Quelle: Unwort des Jahres: Die Grundsätze.
http://www.unwortdesjahres.net/index.php?id =grundsaetze

Anmerkungen:
1 euphemistisch: beschönigend

M 3: Unwort des Jahres: Unwörter der Jahre 2006–2017

2006 freiwillige Ausreise	2010 alternativlos	2014 Lügenpresse
2007 Herdprämie	2011 Döner-Morde	2015 Gutmensch
2008 notleidende Banken	2012 Opfer-Abo	2016 Volksverräter
2009 betriebsratsverseucht	2013 Sozialtourismus	2017 alternative Fakten

Quelle: Unwort des Jahres: Unwörter der Jahre 2006–2017.
nach: http://www.unwortdesjahres.net/index.php?id =unwoerter

M 4: Jana Tereick: Sprachkritik und Sprachmagie (2009)

[…] Wir wollen zunächst die Frage vorlagern, wieso es überhaupt Sprachkritik geben kann. Denn schließlich ist doch die Beziehung zwischen Zeichen und Bezeichnetem stets arbiträr[1]. Aber: Es ist zwar reine Willkür, ob nun ein entsprechender Gegenstand als *Stuhl*, *chair* oder *chaise* bezeichnet wird. Nicht mehr willkürlich sind jedoch alle Formen von zusammengesetzten Wörtern. Für das Beispiel Stuhl ist der Ausdruck *Stuhlbein* ein solcher nicht-willkürlich zusammengesetzter Ausdruck (Kompositum). Diese Bezeichnung ist nicht notwendig (man könnte sich Tausende alternativer Ausdrücke ausdenken, z. B. *Stuhlstütze, Stuhlsäule*, *Stuhlständer*), aber doch ist sie motiviert. Es gibt zwar für die Beziehung zwischen den Bestandteilen eines Kompositums keine Regel. Dennoch können Sprecher bei zusammengesetzten Wörtern aufgrund ihres Weltwissens und ihrer Kenntnis analog gebildeter Wörter *(Tischbein)* zumindest einige Schlüsse von der Bezeichnung auf den Gegenstand ziehen – was bei nicht zusammengesetzten Wörtern nicht möglich ist (Ähnliches gilt für Wortverbindungen und Sätze.).

Und so kann es sein, dass bestimmte zusammengesetzte Ausdrücke, wie z. B. *ausländerfrei,* kritisiert werden können. Im vorliegenden Fall aufgrund der Analogie zu Wörtern wie *keimfrei*, *angstfrei*, *staubfrei*, *cholesterinfrei*, *FCKW-frei* oder *pestizidfrei*, in denen der erste Teil des Kompositums etwas „Gefährliches", „Unangenehmes", „Ekelhaftes" ist, dessen Fehlen gut und wünschenswert ist. Das *Lexikon der Unwörter* hat *ausländerfrei*, das nach Angaben des Wörterbuchs 1991 von Rechtsextremisten bei einer Reihe ausländerfeindlicher Ausschreitungen in Hoyerswerda verwendet wurde, in seinen Wortschatz aufgenommen. […]

Nach Ansicht der Sprachkritiker kann Sprache bestimmte Gedanken und Meinungen evozieren[2]. Es ist demnach gefährlich, wenn bestimmte, gesellschaftliche Normen verletzende Aussagen in den öffentlichen (und damit besonders einflussreichen) Diskurs[3] geraten. […] Deshalb wird es als bedrohlich empfunden, wenn normverletzende Aussagen öffentlich geäußert werden:

„Das gedankenlose Nachplappern von Wörtern und Wendungen, die einer Sache und/oder dem Menschen und seiner Würde nicht gerecht werden, [erscheint mir] durchaus gefährlich. Darin liegt nämlich das schleichende Gift, die kleine, für sich unbedeutende ‚Dosis Arsen'[4] […], die, immer wieder eingenommen, zum Tod, im sprachkritischen Sinne zum Tod der Menschlichkeit führen kann" (Prof. Dr. Schlosser[5]).

Quelle: Jana Tereick: Sprachkritik und Sprachmagie. Eine Kategorisierung von Formen der Sprachkritik vor dem Hintergrund des Streits zwischen Sprachkritikern und Sprachwissenschaftlern. In: Ekkehard Felder (Hrsg.): Sprache (= Heidelberger Jahrbücher 53). Berlin: Springer Verlag 2009, S. 386–387.

Anmerkungen:

1 arbiträr: willkürlich
2 evozieren: hervorrufen
3 Diskurs: mündliche oder schriftliche Erörterung eines Themas
4 Dosis Arsen: bestimmte Menge eines chemischen Elements, das als Gift wirkt
5 Die sprachkritische Aktion „Unwort des Jahres" wurde 1991 von Prof. Dr. Horst Dieter Schlosser (Frankfurt am Main) ins Leben gerufen.

M 5: Thore Barfuss: Neologismen, die die Welt nicht braucht (2012)

Mein Unwort des Jahres: Unwort! Denn Unwörter sind entweder fürchterlich banal und kurzlebig oder, noch schlimmer, etablieren ein diskriminierendes Wort in der Sprache. Sie machen aus Modeerscheinungen Begriffe, die in den kollektiven Sprachgebrauch übergehen und damit zur dauerhaften Diskriminierung beitragen. […]

Das „Sprachbewusstsein und die Sprachsensibilität in der Bevölkerung" solle durch das Unwort geschärft, der Blick auf „sachlich unangemessene oder inhumane Formulierungen" gelenkt und zur „sprachkritischen Reflexion" aufgefordert werden.

Was auf den ersten Blick wie ein ehernes Anliegen[1] klingt, bewirkt in Wirklichkeit genau das Gegenteil: Begriffe wie „Rentnerschwemme“ oder „Herdprämie“ wurden erst durch ihre Wahl zum Unwort zu Neologismen, sprich neuen Wörtern, die irgendwann gänzlich in den Sprachgebrauch übergehen. [...]

Durch mediale Verbreitung der Unworte (und Unwortkandidaten) werden Kampfbegriffe und Schimpfwörter geschaffen, die dazu beitragen, Ungleichheit sprachlich zu etablieren und zu vergrößern. Kein vernunftbegabter Mensch glaubt daran, dass Begriffe wie „Bombenholocaust“[2], „Langlebigkeitsrisiko“[3] oder „Menschenmaterial“[4] einen sinnvollen Beitrag zur deutschen Sprache geleistet haben. Und doch kennt sie heute fast jeder.

Unwort-Wahlen rollen Begriffen wie diesen einen roten Teppich aus und bieten ihnen ein Podium, das sie bestenfalls in den Olymp der deutschen Sprache, den „Duden“, hebt. Wahlen zu Unwörtern sind längst zum Selbstzweck verkommen und nur noch da, um den medialen Reflex zu bedienen. Schade, dass auch wir diesem folgen.

Quelle: Thore Barfuss: Neologismen, die die Welt nicht braucht. In: The European – Das Debattenmagazin, 06. 01. 2012.
http://www.theeuropean.de/thore-barfuss/3338-unwoerter-und-sprachentwicklung

Anmerkungen:

1 ehernes Anliegen: ein Anliegen, das fest (wie Eisen) ist und sich keinem fremden Willen beugt

2 Bombenholocaust: skandalträchtige Verwendung dieses Begriffs, als im Jahr 2005 ein NPD-Mann im Sächsischen Landtag dieses Wort für die alliierte Bombardierung Dresdens im Zweiten Weltkrieg verwendete

3 Langlebigkeitsrisiko (Unwort des Jahres 2005): bezeichnet in der Versicherungsmathematik das Risiko eines Rentenversicherers, dass eine versicherte Person länger lebt als erwartet

4 Menschenmaterial: dieser Begriff wurde zum Unwort des 20. Jahrhunderts gewählt. Nach Angaben der Jury erfolgte die Wahl aufgrund der „unangemessenen Kopplung von Lebendig-Menschlichem und toter Sache“. Auch wenn dieses Wort bereits im 19. Jahrhundert verwendet wurde, habe es im 20. Jahrhundert eine zynische Bedeutung erlangt, nicht zuletzt als Umschreibung von Menschen, die als Soldaten im Ersten und Zweiten Weltkrieg „verbraucht“ wurden.

Quelle: Thore Barfuss: Neologismen, die die Welt nicht braucht. In: The European – Das Debattenmagazin, 06. 01. 2012.
http://www.theeuropean.de/thore-barfuss/3338-unwoerter-und-sprachentwicklung

M 6: Gerhard Stickel: Was halten die Deutschen von ihrer eigenen Sprache? (2013)

Im Jahr 2008/09 wurde eine Umfrage veranstaltet, um die vorherrschenden Spracheinstellungen in Deutschland zu ermitteln. Ausgewählte Fragen und Ergebnisse lauten wie folgt:

Sollte Ihrer Meinung nach mehr für die deutsche Sprache getan werden?
Für mehr Sprachpflege plädierten 78,40 % der Befragten, 16,20 % sind der Meinung, dass nicht mehr Sprachpflege notwendig ist, 5,40 % machten keine Angabe.

Wer sollte sich um Sprachpflege kümmern?

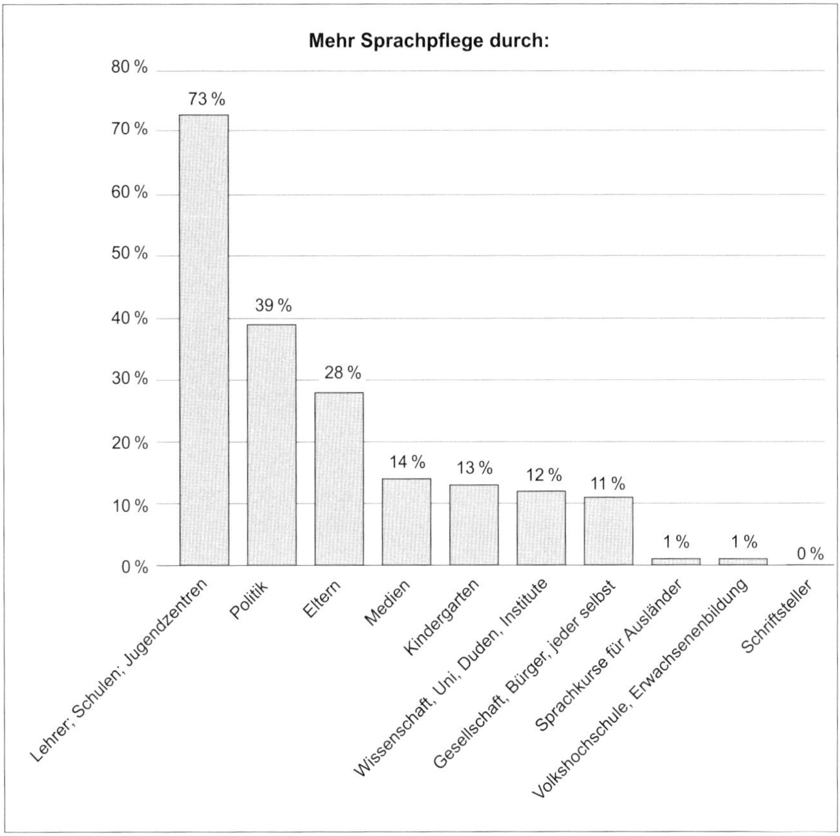

eigene Darstellung nach: Gerhard Stickel: Was halten die Deutschen von ihrer eigenen Sprache, in: Zeitschrift des Verbandes polnischer Germanisten 2. Jg. (2013), H. 1, S. 9–28. www.ejournals.eu/pliki/art/2632

Lösungsvorschlag

Lesen Sie zunächst sehr gründlich die Aufgabenstellung, die beim materialgestützten Schreiben zweiteilig aufgebaut ist. Zunächst wird eine ***fiktive Situation*** *beschrieben, innerhalb derer Ihr Text entstehen soll. Diese Ausführungen geben Ihnen also Hinweise zu folgenden Aspekten:*
- *die* ***Kommunikationssituation****: In welchem Rahmen entsteht der Text?*
- *die* ***Adressaten****: Für wen ist der Text gedacht?*

Anschließend erfolgt der eigentliche ***Schreibauftrag****, der Ihnen Aufschluss gibt über*
- *das spezifische* ***Textformat****: Welche Sorte Text soll entstehen?*
- *das* ***Handlungsziel****: Wozu soll der Text dienen?*

Machen Sie sich zu diesen vier Aspekten kurze Stichpunkte.
Der Schreibauftrag gibt einzelne ***Bearbeitungsaspekte*** *(„indem Sie …") vor. Lesen Sie auch diese sehr genau, um die Anregungen zur inhaltlichen* ***Strukturierung Ihres Textes*** *zu übernehmen:*
- *Einleitung: Thema und seine Bedeutung*
- *Hauptteil: Zielsetzungen und zentrale Aspekte sowie Pro- und Kontra-Argumente*
- *Schluss: begründete Empfehlung*

Aktivieren Sie nun Ihr ***Vorwissen****. Sie haben sich im Unterricht mit Sprachentwicklung auseinandergesetzt. Gibt es Aspekte, die Sie einfließen lassen können? Überlegen Sie auch, was Sie selbst bereits zum Thema („Unwort des Jahres") wissen. Vielleicht haben Sie selbst auch schon eine eigene Meinung dazu.*
Danach beginnt die Lesearbeit der sechs Materialien. Lesen Sie diese unter dem Fokus der Aufgabenstellung: in einem ersten Durchgang überfliegend, um sich einen Überblick zu verschaffen, in einem zweiten bereits so, dass Sie zentrale Textpassagen oder Aussagen der Grafik markieren. Es ist hilfreich, auf einem ***Schreibplan*** *in knappen Notizen festzuhalten, welche der markierten Informationen Sie an welcher Stelle des zu erstellenden Textes verwenden möchten. Überlegen Sie auch, wie Sie den Beitrag mit* ***eigenen Ideen*** *anreichern können, z. B. wie Sie das Thema bereits in der Einleitung interessant einführen können, welches Wissen Sie einbringen oder wie Sie zum Schluss Ihr Schreiben abrunden.*
Danach verfassen Sie den informierenden Text unter Verwendung der Gliederung und der zugeordneten Notizen.
Planen Sie etwas Zeit für möglichst zwei Korrekturdurchgänge ein: einen, um zu überprüfen, ob alle wichtigen Informationen verwendet wurden, die Adressatenorientierung eingehalten wurde und die Übergänge zwischen den einzelnen Absätzen klar sind; einen zweiten für eine abschließende Kontrolle von Rechtschreibung und Zeichensetzung.

„Lügenpresse" oder „alternative Fakten" – das sind zwei Begriffe, die es in den letzten Jahren als **Unwörter des Jahres** zu zweifelhaftem Ruhm gebracht haben. Wie schafft es ein Wort, zum „Unwort" zu werden, warum gibt es diese Aktion überhaupt und ist es sinnvoll, sich als Mitbürger – in unserem Fall als Deutsch-Kursteilnehmer – an dieser Wahl zu beteiligen? Diese Fragen möchte ich im Folgenden beantworten.

Einleitung:
Erklärung des Schreibauftrags
Verwendung von M 3

Wir haben in unserer **Unterrichtsreihe zur „Sprache im Wandel"** gelernt, dass es sowohl gesteuerten als auch ungesteuerten Sprachwandel gibt. Die Aktion zum „Unwort des Jahres", die der zuerst genannten Form zuzurechnen ist, möchte **auf Fehlentwicklungen im öffentlichen Sprachgebrauch aufmerksam machen**, diese möglichst korrigieren und so bei den Bürgerinnen und Bürgern ein kritisches Bewusstsein und eine höhere Sensibilität für die Sprache fördern.

Hauptteil:
einführende Darstellung des Themas und seiner Bedeutung
Verwendung von M 2

So sollen Wörter oder Ausdrücke, die gegen **Menschenwürde oder Demokratie** verstoßen, die einzelne Gruppen **diskriminieren** oder **Sachverhalte beschönigend oder irreführend darstellen**, als solche gekennzeichnet werden, um sie dann möglichst aus der öffentlichen Kommunikation zu verbannen. Jede Mitbürgerin und jeder Mitbürger ist also aufgefordert, wachsam den aktuellen Sprachgebrauch in der Gesellschaft, in den Medien oder in sozialen Netzwerken zu beobachten. Sollte ein Ausdruck gegen sachliche Angemessenheit oder Humanität verstoßen, so kann er dem **Gremium** zum „Unwort des Jahres" gemeldet werden. Im Oktober eines jeden Jahres erfolgt jeweils ein **Medienaufruf**, um an die Aktion und den Einsendeschluss (31. 12.) zu erinnern. Schon **im Januar tagt eine Jury** aus vier Linguisten und einem Journalisten, um das Wort auszuwählen. Entscheidend ist dabei nicht, wie oft ein Wort eingesandt wurde, sondern dessen Aktualität und Bedeutung im öffentlichen Diskurs. **Mitte Januar** wird dann das gewählte „Unwort" bei einer **Pressekonferenz** an der TU Darmstadt bekannt gegeben.

Darstellung der Zielsetzung der Aktion und zentraler Aspekte
Verwendung von M 1 und M 2

Immer wieder benutzen Personen, die in der Öffentlichkeit stehen, provozierende, diskriminierende oder euphemistische Wörter, um ein Medieninteresse zu erzielen; man denke zum Beispiel an den Ausdruck „Vogelschiss der Geschichte" zur Verharmlosung nationalsozialistischer deutscher Vergangenheit. Aber auch in den alltäglichen Sprachgebrauch des Otto Normalbürgers schleichen sich so manches Mal solche Begriffe ein. Der Begründer der Aktion „Unwort des Jahres", Professor Schlosser, weist

Argumente für die Aktion
Verwendung von M 2–4, M 6

zu Recht darauf hin, dass diese **unreflektierte Verwendung gefährlich** sei und wie die Einnahme eines schleichenden Giftes zum Tode, hier der Menschlichkeit, führen könne. Denn die gehäufte Verwendung solcher Wörter im öffentlichen Raum kann bewirken, dass die Sprecher die den Wörtern je nach Verwendungskontext innewohnenden **negativen Konnotationen für richtig und wahr halten**. Deshalb ist es wichtig, dass eine Aktion wie „Unwort des Jahres" zu einem kritischen Blick auf die Sprache und ihre Verwendung führt, um Normverstöße bewusst zu machen, ggf. zu ahnden und ihre Folgen für Menschlichkeit und Demokratie aufzuzeigen. Es handelt sich dabei durchaus um eine **Form der Sprachpflege**, die nach Ansicht von mehr als zwei Dritteln der Deutschen stärker betrieben werden sollte. Vor allem Pädagogen, die an Schulen und Jugendzentren Einfluss auf den Sprachgebrauch Jugendlicher ausüben, werden hier an erster Stelle genannt (73 %).

Argumente gegen die Aktion

Verwendung von M 2, M 5 und M 6

Allerdings könnte die Aktion auch genau das Gegenteil bewirken, befürchten ihre Kritiker. Schließlich wird diesen verletzenden **Begriffen damit eine große Öffentlichkeit** zuteil. Es wird gezielt eine Aufmerksamkeit auf sie gelenkt, die sie vor der Wahl nicht hatten. Infolgedessen kann es geschehen, dass diese Begriffe sogar häufiger als vorher benutzt und zu Modewörtern werden, wie es beim Wort „Opfer" beispielsweise der Fall ist. Als Neologismen etablieren sie sich womöglich dauerhaft im Sprachgebrauch und werden sogar in den Duden aufgenommen, wie der Begriff der „Herdprämie". Obwohl der Grundgedanke des „Unworts" eher ein sozialkritischer ist, ist nicht auszuschließen, dass die gekürten nominierten Wörter aufgrund der häufig reißerischen Medienverbreitung **zu etablierten Schimpfwörtern werden**, wie das beim Wort „Gutmensch" zu beobachten ist. So wird denn auch die Rolle der Medien im Prozess der Sprachpflege von den Bundesbürgern eher negativ gesehen: Nur zwölf Prozent trauen ihnen zu, einen positiven Einfluss auf die Sprachpflege zu nehmen. In diesem Zusammenhang kann kritisch angemerkt werden, dass die **Entscheidung für die Wortwahl keine demokratische** ist, sondern lediglich von fünf Personen vorgenommen wird – die Anzahl der Nennungen spielt nämlich keine Rolle.

Nun könnte man zu dem Schluss kommen, dass es wenig Sinn ergibt, als Deutschkurs Vorschläge für ein Unwort einzureichen. Diese haben eventuell überhaupt keine Relevanz, weil **nicht das demokratische Prinzip** der häufigsten Nennung zur Anwendung kommt. Dennoch könnte man auf diesem Weg immerhin versuchen, ein wenig Einfluss auf den öffentlichen Sprachgebrauch zu nehmen und einen kleinen eigenen **Beitrag zur Sprachsensibilisierung** zu leisten. Gerade den Schulen, dies zeigen Umfragen zur Sprachpflege, kommt dabei eine besondere Verantwortung zu und sicherlich im besonderen Maße dem **Deutschunterricht**. Hier besteht die Möglichkeit einer kritischen Auseinandersetzung mit den in der öffentlichen Kommunikation zirkulierenden, häufig oberflächlichen und nur der medialen Inszenierung dienenden Äußerungen. Wir wissen, dank der Beschäftigung mit der Zeichentheorie Saussures, dass zwar das sprachliche Zeichen („Wort") in arbiträrer Verbindung zu seiner Bedeutung steht; eine Ausnahme können allerdings die Komposita darstellen, die intentional zusammengesetzt werden, wie das bei „Unwörtern" häufig der Fall ist (z. B. „Lügenpresse").

Schluss: abwägende Begründung für eine Teilnahme des Kurses

Aber durch Konventionalität verbinden sich Zeichen und Bedeutung fest miteinander: Je häufiger abwertende, die Wirklichkeit verzerrende oder verharmlosende Wortverbindungen verwendet werden, desto weniger kritisch werden diese betrachtet. Wenn wir einen Begriff wie „Ausländerschwemme" in dem Sinne gebrauchen, dass zu viele Migranten unser Land überschwemmen und damit bedrohen, so wird sich diese **negative Bedeutung etablieren**. Wenn man nicht bewusst auf solche Sprachentwicklungen reagiert, diese moniert und zu beheben versucht, wie es sich besonders die „politische Korrektheit" auf die Fahnen geschrieben hat, so ist **zu befürchten, dass unsere Sprache immer inhumaner wird**. Denn Sprache verändert sich ständig ohne unser Zutun, sie reagiert auf gesellschaftliche Veränderungen und durch den Gebrauch gestaltet sie diese mit. Es geht hier nicht um die alten Klagen des Sprachverfalls, sondern um die Gestaltung einer humanen Gesellschaft. Zwar kann man der Aktion „Unwort des Jahres" vorhalten, dass auch sie sich einer medienwirksamen Inszenierung bedient. Dennoch gilt es, diejenigen, die diskriminierende Sprache verwenden, mit ihren eigenen Waffen zu schlagen – indem man **sich auch der Medienöffentlichkeit bedient**. Schweigen und Nichtstun kämen einer Akzeptanz gleich. Wichtig ist hierbei, wenn wir uns beteiligen wollten, dass wir gut hinschauen und genau nachdenken, welche Wörter wir auswählen, um sehr kritisch und reflektiert argumentieren zu können – und auch entsprechend agieren. Denn allein politisch korrektes Sprechen bewirkt wenig, wenn man nicht Haltung und Handeln verändert.

2018-11

Teilleistungen – Kriterien

a) Inhaltliche Leistung

	Anforderungen Die Schülerin/der Schüler …	max. erreichbare Punktzahl
1	fertigt eine Einleitung an unter Nennung von Thema und Anlass mit Bezug zum Gegenstand des Schreibauftrages, z. B.: • Teilnahme an der Wahl des „Unwortes des Jahres“ vor dem Hintergrund des Unterrichtsgegenstands „Sprachverfall und Sprachkritik“	2
2	zeigt die gesellschaftliche Bedeutung des Themas auf, etwa: • Verdeutlichung des Einflusses auf den öffentlichen Sprachgebrauch (M 2), • Beteiligungsmöglichkeit der Bürgerinnen und Bürger an dieser Wahl des Unwortes des Jahres (M 1), • Sensibilisierung für sprachliche Angemessenheit oder aber für Fehlentwicklungen von Kommunikation im öffentlichen Kontext (M 2).	4
3	stellt zentrale Aspekte des Auswahlverfahrens heraus und gibt die Zielsetzungen der Aktion im Jahr 2018 wieder, z. B.: *Ablauf:* • Einsendungsmöglichkeit von Vorschlägen während des Aktionsjahres (M 1), • Entscheidung durch eine fünfköpfige Jury nach bestimmten Kriterien jeweils im Januar (M 1, M 2), • Bekanntgabe des aktuellen Unwortes auf einer Pressekonferenz der TU Darmstadt (M 1); *Zielsetzung:* • Kritik an Formen des öffentlichen Sprachgebrauchs, die weder sachlich angemessen sind noch dem humanitären Gedanken entsprechen (M 2), • Verbannung solcher Unwörter und Ausdrücke aus der öffentlichen Kommunikation (M 4).	5
4	führt Argumente an, die für die grundsätzliche Wahl eines Unwortes des Jahres sprechen, etwa: • Aufzeigen eines inhumanen Sprachgebrauchs (M 2 – M 4), • Gefährdung der Menschlichkeit durch diskriminierende Äußerungen im öffentlichen Raum, die u. a. demokratische Normen verletzen (M 2 – M 4),	9

	• Beeinflussbarkeit von Gedanken und Meinungsbildung durch Sprache auch in negativer Hinsicht (M 4), • breite gesellschaftliche Zustimmung zu mehr Sprachpflege, insbesondere in der Bildung und der Jugendarbeit (M 6).	
5	stellt dem Argumente gegenüber, die gegen diese Aktion sprechen, z. B.: • kontraproduktive Wirkung durch die im Zuge der Ergebnismitteilung erfolgende Verbreitung diskriminierender Begriffe (M 3, M 5), • Aufnahme von Unwörtern in den allgemeinen Sprachgebrauch durch deren Bekanntmachung (M 5), • ungewollter Beitrag zur Vergrößerung sprachlicher Ungleichheiten durch die Art der medialen Inszenierung (M 5), • Fragwürdigkeit der Validität der jährlichen Entscheidung, da das Mehrheitsprinzip nicht zum Tragen kommt (M 2).	9
6	formuliert eine begründete Empfehlung für den Kurs, sich an der Wahl des Unwortes zu beteiligen oder aber nicht, unter Bezugnahme auf Aspekte wie: • Gelegenheit zur unmittelbaren Einflussnahme auf den öffentlichen Sprachgebrauch, • Möglichkeit zur Sprachsensibilisierung anderer und zur Einflussnahme auf deren Meinungsbildung, • seltene Chance zur Vernetzung von Bildungsarbeit in der Schule und gesellschaftlicher Sprachpraxis, • Beitrag zur Verhinderung einer inhumaner werdenden Sprache, • Schweigen und Nichtstun als wenig überzeugende Haltungen, • konträre Einschätzungen der Aktion in der Gesellschaft, • Nichtbeachtung des Mehrheitsprinzips und somit undemokratisches Verfahren bei der Wahl des Unwortes des Jahres, • selbstgefällige mediale Ausrichtung ohne Beachtung ungewollter Auswirkungen auf die sprachliche Entwicklung.	6
7	integriert relevante Kenntnisse aus dem Unterricht in seine bzw. ihre Ausführungen, z. B.: • Prinzipien allgemeiner Sprachentwicklung, • negative Sicht auf Sprachentwicklung („Verfall der Sprache") seit Jahrhunderten, • unterschiedliche gesellschaftliche Haltungen zur Forderung nach normierenden öffentlichen Sprachregelungen,	4

	• Forderung nach politisch korrektem Sprachgebrauch als Antwort auf beobachtete Fehlentwicklungen, • fehlende wissenschaftliche Beweise für eine positive Auswirkung politisch korrekten Sprachhandelns auf die soziale Wirklichkeit.	
8	verwendet den Materialpool zur Realisierung des Schreibauftrages, u. a. durch: • umfangreiche Nutzung des Informationsangebotes, • passende Zuordnung der Materialaussagen zu den Gliederungspunkten des Arbeitsauftrages, • Bildung von thematischen Schwerpunkten, • Vermeidung von Doppelungen.	6
9	erfüllt ein weiteres aufgabenbezogenes Kriterium (max. 3 Punkte).	
	Summe inhaltliche Leistung	**45**

b) Darstellungsleistung

	Anforderungen **Die Schülerin/der Schüler ...**	max. erreichbare Punktzahl
1	strukturiert den Text schlüssig, gedanklich klar und auftragsbezogen.	2
2	formuliert unter Beachtung des Adressatenbezugs sowie der fachsprachlichen und fachmethodischen Anforderungen: • sinnvolle Anteile von informierenden und erklärenden Textpassagen, • Beachtung der Tempora, • korrekte Redewiedergabe (Modalität).	2
3	nimmt in ihren/seinen Aussagen sachgerecht und für die geforderte Textsorte angemessen Bezug auf die Ausgangsmaterialien.	1
4	formuliert eigenständig, allgemeinsprachlich präzise und stilistisch angemessen.	2
5	schreibt sprachlich richtig (R, Z, G – ohne Tempora und Modalität) und formal korrekt.	8
	Summe Darstellungsleistung	**15**

NRW – Zentrale Klausur am Ende der Einführungsphase der gymnasialen Oberstufe – Prüfungsaufgabe 2019

Inhaltsfeld 1:	*Sprache*
Inhaltlicher Schwerpunkt:	*Aspekte der Sprachentwicklung*
Aufgabenart IV:	*Materialgestütztes Verfassen eines Textes mit fachspezifischem Bezug*

Aufgabenstellung:

Situation: Im Rahmen einer Projektwoche zum Themenkomplex „Manipulierbarkeit: Wie und wodurch lassen sich Menschen von anderen beeinflussen?" befasst sich Ihr Deutschkurs in Kleingruppen mit unterschiedlichen Aspekten des Themas „Manipulation durch Sprache". Ihre Kleingruppe setzt sich mit dem Konzept des Framings auseinander.

Zum Abschluss der Projektwoche soll Ihre Gruppe einen schriftlichen Text präsentieren, der über die Arbeitsergebnisse informiert. Der Text soll später auf der Schulhomepage veröffentlicht werden.

Arbeitsauftrag:

Verfassen Sie auf der Grundlage der Materialien M 1 bis M 4 sowie Ihrer Kenntnisse aus dem Unterricht diesen informierenden Text, indem Sie

- das Thema und seine Bedeutung einführend darstellen,
- das Konzept des Framings erklären,
- anhand von Beispielen erläutern, inwiefern Menschen durch sprachliche Frames beeinflusst werden und wie sie sich vor einer Manipulation durch Framing schützen können,
- abschließend begründet abwägen, ob Personen (z. B. Journalisten), die sich öffentlich äußern, ihren Wortgebrauch einem „Frame-Checking" unterziehen sollten.

(45 Punkte)

M 1: Astrid Herbold: Schlachtfeld Sprache. Formulierungen mit Tabu (2018)

Sprache ist zweifelsohne mächtig, sie kann kränken, verletzen, sogar töten. Sprache sei eine Waffe, heißt es in einem überstrapazierten Kurt-Tucholsky-Zitat. Aber genügt das als Erklärung, warum derzeit an so vielen Fronten über Bezeichnungen, Formulierungen, Bedeutungsnuancen gestritten wird? Debatten, so weit das Auge reicht. Hier ein Auszug: […] Dürfen Klassiker der Weltliteratur umgeschrieben werden? Soll man statt Flüchtling besser Geflüchteter sagen? Müssen Wassermetaphern („Flut“, „Strom“) im Zusammenhang mit Menschenmengen vermieden werden?

[…] Das permanente Ringen darum, wer was wie bezeichnen soll oder darf, gefällt nicht jedem. Groß ist der Widerstand gegen das vermeintliche Political-Correctness-Diktat[1]. Man könnte sagen: Es brodelt unter der Oberfläche – selbst wenn einzelne Begriffe erfolgreich verbannt oder sogar verboten werden. […]

Quelle: Astrid Herbold: Schlachtfeld Sprache – Formulierungen mit Tabu, Tagesspiegel vom 20. 01. 2018, https://www.tagesspiegel.de/wissen/schlachtfeld-sprache-formulierungen-mit-tabu/20857998.html

Anmerkung:

1 Political Correctness: politisch motivierte Form der Sprachkritik, welche versucht, negativ besetzte Begriffe (z. B. „Altersheim“) durch positive Alternativen (z. B. „Seniorenwohnheim“) zu ersetzen, um der gesellschaftlichen Ausgrenzung bestimmter Personen oder Gruppen entgegenzuwirken. Kritiker der Political Correctness betrachten diese Ersetzung von Begriffen als eine Art „Diktat“, d. h. als Versuch einer politisch aufgezwungenen Sprachregelung.

M 2: Vorsicht vor diesen Wörtern. Ein Gespräch mit der Linguistin Elisabeth Wehling (2016)

DIE ZEIT: Frau Wehling, Sie behaupten, wir würden mit einfachen Wörtern ständig manipuliert. Wie kommen Sie darauf?

ELISABETH WEHLING: Weil Sprache kein abstraktes Gerüst ist. Hinter Wörtern steckt etwas. Um sie zu begreifen, aktiviert unser Gehirn ganze Vorratslager abgespeicherten Wissens: Gefühle, Gerüche, visuelle Erinnerungen. Worte transportieren also viel mehr Informationen, als wir glauben […].

ZEIT: In Ihrem Buch[1] sprechen Sie von „Frames“ in unseren Köpfen. Was meinen Sie damit?

WEHLING: Ein Frame ist ein Deutungsrahmen. Unser Gehirn hat davon sehr viele, sie sind durch unsere Erfahrung mit der Welt entstanden, und sie helfen, Fakten zu bewerten und einzuordnen. Aktiviert werden sie durch Wörter. Stellen Sie sich beispielsweise vor, Sie seien krank und müssten darüber entscheiden, ob Sie operiert werden wollen. Ein Arzt sagt Ihnen, dass es eine zehnprozentige Sterbewahrscheinlichkeit gebe. Ein anderer Arzt sagt, dass Sie die Operation mit neunzigprozentiger Wahrscheinlichkeit überleben würden. Die Fakten sind die gleichen, aber Sie entscheiden sich jeweils anders. Die beiden Wörter „sterben“ und „leben“ verändern Ihre Wahrnehmung – ohne dass Sie es merken. Wer glaubt, wir Menschen würden nur auf Basis von Fakten entscheiden, unterliegt einer Illusion.

ZEIT: Aber unser Ideal ist doch, dass Wähler in einer Demokratie durch Fakten überzeugt werden und die Bürger sich ihre Meinung aufgrund von Fakten bilden.

WEHLING: Und das ist ein Irrtum. Kein Wort kann außerhalb von Frames gedacht, ausgesprochen und verarbeitet werden. Wann immer Sie ein Wort hören, wird in Ihrem Kopf ein Frame aktiviert. [...]

ZEIT: Aber das würde bedeuten, dass man die Menschen einfach so „umprogrammieren“ könnte. Das glauben wir Ihnen nicht.

WEHLING: So einfach ist es auch nicht. Mir geht es vor allem darum, dass wir Bürger uns im Alltag ab und an die Zeit nehmen, bei den wichtigen politischen Themen ganz gezielt darüber nachzudenken, welche Begriffe in aktuellen Debatten genutzt werden – zum Beispiel nach einer Talkshow oder nach der Lektüre eines Zeitungsartikels. Dann entwickelt man ein Gespür dafür, welche Haltung gerade dominiert, etwa wenn es um den Staat oder Steuern geht. Oder um geflüchtete Menschen. [...]

Quelle: Marc Brost & Petra Pinzler im Interview mit Elisabeth Wehling: Vorsicht vor diesen Wörtern, DIE ZEIT, Nr. 10/2016 vom 25. 02. 2016, https://www.zeit.de/2016/10/sprache-manipulation-elisabeth-wehling

Anmerkung:

1 Elisabeth Wehling: Politisches Framing. Wie eine Nation sich ihr Denken einredet – und daraus Politik macht. Köln: Halem 2016.

M 3a: Framing-Check: Eine Serie der Süddeutschen Zeitung (2018)

Wo Sprache ist, da ist auch Subtext[1]. Vor allem dort, wo Sprache politisch wird. Zur Analyse dieser Subtexte hat sich in der Forschung in den vergangenen Jahren das Konzept des Framings etabliert. Framing meint einen Assoziations- und damit Deutungsrahmen für Begriffe: Wer „Zitrone“ hört, denkt vermutlich an „sauer“ oder „gelb“. Das lässt sich politisch instrumentalisieren. Frames definieren oft ein Problem – und liefern, wenigstens implizit[2], auch gleich die passende Lösung. Bei einem Begriff wie „Flüchtlingsstrom“ sieht man vor dem geistigen Auge große Menschenmassen heranrauschen – eine Naturgewalt und darin ein Bedrohungsszenario. Was die vermeintliche Lösung „Abschottung“ nahelegt.

In einer losen Serie analysiert die SZ[3] das Framing politisch oder gesellschaftlich relevanter Begriffe. [...]

Quelle: Jakob Biazza: Einleitung des SZ-Artikel „Dieser Begriff ist ein Sieg für alle, die nichts verändern wollen“, Süddeutsche.de vom 14. 12. 2018, https://www.sueddeutsche.de/kultur/framing-check-klimawandel-begriff-1.4252824

Erläuternder Hinweis zum Text: Die Analyse des Framings erfolgt in dieser Serie der Süddeutschen Zeitung jeweils auf der Grundlage der folgenden Leitfragen:

- *Wer benutzt den Begriff?*
- *Was suggeriert[4] der Begriff?*
- *Wie steuert dies die Wahrnehmung?*
- *Was wäre ein passender Begriff?*

Anmerkungen:

1 Subtext: tiefere Bedeutungsebene eines Textes
2 implizit: inbegriffen, mitgemeint
3 SZ: Süddeutsche Zeitung
4 suggerieren: nahelegen

M 3b: Frame-Checking und bewusster Umgang mit Sprache (2019)

Bei der folgenden Quelle handelt es sich um die Anzeige eines Fortbildungsseminars, das von der Medienakademie der Fernsehsender ARD und ZDF für die im Text benannte journalistische Zielgruppe angeboten wird.

SEMINARBESCHREIBUNG

Frame-Checking und bewusster Umgang mit Sprache

ARD.ZDF **medien akademie**

KURZBESCHREIBUNG

Frames wirken unbewusster als Fakten und sind damit auch wirkungsvoller. Framing manipuliert und wird zunehmend für politische Propaganda missbraucht. Daher ist es wichtig, dass Journalisten/-innen sich klarmachen, wer welche Frames benutzt und wie sie wirken, um besser einordnen und aufklären zu können. Die Teilnahme an diesem Seminar unterstützt Sie somit in einem souveränen Umgang mit den wachsenden journalistischen Herausforderungen unserer Zeit.

IHR NUTZEN

Sie wissen, wie Framing funktioniert. Sie werden sich Ihres eigenen Sprachgebrauchs bewusster. Ihr sprachlicher Stil wird facettenreicher und prägnanter. Sie werden schlagfertiger im Umgang mit Kritik an Ihrer Arbeit.

SCHWERPUNKT

Verantwortungsbewusster Umgang mit Sprache

ZIELGRUPPE

Mitarbeitende aus Programm (Fernsehen, Radio, Online, Print), Marketing und Unternehmenskommunikation

THEMEN

Kognitive Sprachverarbeitung, Framing und Reframing im psychologischen Kontext, Politisches Framing, Frames anderer enttarnen, Eigene Frames aufdecken, Was das Werturteil von der Wertschätzung lernen kann

LEHRMETHODEN

Analyse mitgebrachter Beispiele, Präsentation, praktische Übungen in Einzel- und Kleingruppenarbeit, Auswertung und Feedback

TERMINE

19.06.19, 09:00 – 20.06.19, 16:30
Hannover
Preis: 800 EUR

DAUER

2 Tage

TEILNEHMERZAHL

12

INHALTLICH VERANTWORTLICH

[redacted]
E-Mail [redacted]
Telefon +49 [redacted]
Telefax +49 [redacted]

KONTAKT

[redacted]
E-Mail [redacted]
[redacted]
Telefon +49 [redacted]
Telefax +49 [redacted]

SEMINARNUMMER 51 414

Quelle: Frame-Checking und bewusster Umgang mit Sprache, ARD/ZDF Medienakademie, https://www.ard-zdf-medienakademie.de/mak/seminare/51414

M 3c: Frame-Checking: Beispiele

Begriff	mögliche assoziierte Bedeutung	nahegelegter Handlungsimpuls
Pflanzenschutz-mittel	Pflanzen vor Schaden oder Vernichtung bewahren	chemische Substanzen (z. B. Insektengifte) einsetzen
Asyltourismus	Asylsuche als Reise zum Zweck der Erholung bzw. zum Kennenlernen fremder Orte	Zuwanderung begrenzen
Steuerlast	Steuern als Belastung des Bürgers, nicht als sinnvoller Beitrag zur Finanzierung des Gemeinwesens	Steuern reduzieren

Quelle: Frame-Checking: Beispiele [eigene Tabelle]

M 4: Philipp Hübl: Immer im Rahmen bleiben (2015)

[…] Sprachliche Einrahmungen[1] sind ein universelles Phänomen. Das beste Beispiel sind Euphemismen[2]. Man findet sie in der Werbung, der Politik und der Außendarstellung von Firmen. Im Alltag hat jeder von uns schon einmal etwas geschönt, vielleicht eine gefährliche Reise als „Abenteuerurlaub" verkauft oder einen Alkoholexzess als „wilde Party" veredelt.

Offensichtlich kann die Sprache unser Denken und Entscheiden beeinflussen. Die Frage ist, wie stark dieser Einfluss sein kann. […] Es scheint zunächst, als könne man Menschen mit Sprache beliebig manipulieren. Tatsächlich ist der Einfluss der Worte meist nur oberflächlich, denn vor allem wenn man die Effekte kennt, kann man sich schützen. […]

Unsere Reaktionen auf emotionale Worte macht sich auch der Einzelhandel zunutze. Es klingt ansprechender, bei Barzahlung für ein Kleid mit dem Preis von 90 Euro eine „Ermäßigung" von 5 Euro zu gewähren, als das Kleid für 80 Euro anzubieten und dann eine „Kreditkartengebühr" von 5 Euro draufzuschlagen. Selbst junge Forscher der Ökonomie sind nicht gegen den Effekt gefeit: 93 Prozent der Doktoranden[3] einer Studie meldeten sich für eine Konferenz frühzeitig an, als die Veranstalter mit einem „Bußgeld" für eine Verspätung drohten. Doch nur 67 Prozent taten das, als es für die frühe Registrierung einen „Nachlass" auf die Konferenzgebühr gab. Bei den Professoren des Fachs konnten die Forscher keinen derartigen Effekt beobachten.

Gerade dieses Beispiel zeigt, dass Einrahmungseffekte zwar deutlich ausfallen können, jedoch nicht auftreten, wenn man sich einen Fall einmal klargemacht hat. Ein erfahrener Volkswirt[4] ist nicht durch eine gefühlige Sprachverpackung zu blenden, denn er schaltet sofort auf die kühle Kosten-Nutzen-Rechnung um. Wer darin nicht so geübt ist, kann sich durch aktive Aufmerksamkeit und Nachdenken schützen. Natürlich können wir im Alltag nicht dauerhaft wachsam sein, denn ein Leben mit heruntergelassenem Visier wäre einfach zu anstrengend. So sind wir gerade in Momenten der Ablenkung und Erschöpfung anfällig für Manipulationen durch die Sprache.

[…] Seit den Anfängen der Kultur täuschen Menschen andere durch Sprache, mit mehr oder minder arglistigen Absichten, sei es in der Politik, auf dem Marktplatz oder in der Partnerschaft. Der entscheidende Punkt ist, dass Worte nicht zwingend unser Handeln beeinflussen. Sie hindern uns zwar manchmal daran, die beste Entscheidung zu treffen, aber eben nicht *grundsätzlich*. Wir können Verkaufstricks, unrealistische Wahlversprechen und falsche Komplimente durchschauen. […]

Quelle: Philipp Hübl: Immer im Rahmen bleiben. In: Ders.: Der Untergrund des Denkens. Eine Philosophie des Unbewussten. Reinbek: Rowohlt 2015, S. 214–217

Anmerkungen:
1 Einrahmung: wörtliche Übersetzung von „Framing"
2 Euphemismus: beschönigende Bezeichnung eines unangenehmen, anstößigen oder normverletzenden Sachverhalts
3 Doktorand: Student/-in, der/die den Erwerb des Doktorgrades anstrebt
4 Volkswirt: Experte auf dem Fachgebiet der Volkswirtschaftslehre

---

Lösungsvorschlag

*Die gründliche Lektüre der gesamten Klausuraufgabe ist die Grundvoraussetzung für die erfolgreiche Bearbeitung. Aus der Darstellung der „**Situation**" geht hervor, wer für wen was mit welchem Ziel verfasst. Von diesen Fragen hängt die Gestaltung des zu erstellenden Textes ab.*

- ***Wer** schreibt? Eine Kleingruppe Ihres Deutschkurses wird als Verfasser genannt. Sie nehmen also eine Schülerperspektive ein.*
- ***Für wen** wird geschrieben? Da der zu erstellende Text auf die Schulhomepage geladen werden soll, ist die gesamte Schulöffentlichkeit (z. B. Schüler, Lehrer, Eltern, Ehemalige, Interessierte) als Adressat angedacht.*
- ***Was** soll **mit welchem Ziel** geschrieben werden? Es handelt sich um einen schriftlichen Text, der über die Arbeitsergebnisse der Kleingruppe zum Thema „Manipulation durch Sprache" informieren und der im Rahmen der Projektwoche zum Oberthema „Manipulierbarkeit des Menschen" entstehen soll.*

*Der **Arbeitsauftrag** konkretisiert die inhaltliche Gestaltung des zu erstellenden Informationstextes. Anhand der Anweisungen der vier Spiegelstriche wird Ihnen die **grobe Textgliederung vorgegeben:***

- *In der **Einleitung** stellen Sie das **Thema und seine Bedeutung** dar. Vielleicht beginnen Sie mit einem Alltagsbezug, um die Leserinnen und Leser für das Thema zu interessieren.*
- *Der **Hauptteil** besteht aus zwei Teilen. Zunächst erklären Sie das Thema, hier das **Konzept des Framings**. Danach erläutern Sie anhand von **Beispielen**, wie Menschen durch die Frames beeinflusst werden und wie sie sich schützen können.*
- *Zum **Schluss** sollen Sie begründend **abwägen, ob ein Frame-Checking** z. B. für Journalisten **sinnvoll** ist.*

*Erarbeiten Sie sich nun den eigentlichen Gegenstand. Vielleicht kennen Sie den Begriff des „Framings“ nicht. Sie werden aber feststellen, dass **in den Materialien ausreichend Erläuterungen und Beispiele** vorhanden sind. Lesen Sie die Materialien unter diesem Fokus, in einem ersten Durchgang überfliegend, in einem zweiten bereits so, dass Sie relevante Textpassagen markieren. Hilfreich kann es sein, in einem **Schreibplan** in knappen Notizen festzuhalten, welche der markierten Informationen Sie an welcher Stelle des zu erstellenden Textes verwenden möchten. Überlegen Sie auch, wie Sie den Informationstext mit **eigenen Ideen** anreichern können, z. B. wenn Sie sich im Unterricht mit der Manipulation oder Regulierung von Sprache beschäftigt haben.*

*Nach der Niederschrift ist ein gründliches Lesen des Textes wichtig, um zu **prüfen, ob alle wichtigen Informationen verwendet** wurden, die **Adressatenorientierung eingehalten** wurde und die **Übergänge** zwischen den einzelnen Absätzen klar sind. Auch eine abschließende Kontrolle von Rechtschreibung und Zeichensetzung ist sinnvoll.*

Ein kurzes Gedankenexperiment zu Beginn: Welche Schule würden Schülerinnen und Schüler oder ihre Eltern lieber wählen – eine Schule mit „Handyverbot“ oder eine Schule mit „handyfreier Arbeitsatmosphäre“? Beide Schulen tun das Gleiche. Sie erlauben keine Handys, aber im ersten Fall klingt dies negativ und nach unangenehmer Einschränkung, im zweiten Fall dagegen positiv und nach einer sinnvollen Maßnahme zur Schaffung einer angenehmen Lernumgebung. Die Wahl fällt also nicht schwer, aber warum ist das so? Hier liegt eine deutliche **sprachliche Steuerung** vor, denn mit dem Begriff „Verbot“ sind **andere Assoziationen** verbunden als mit dem Wort „frei“. Man nennt diesen Bezug fachbegrifflich **„Framing“**.

Einleitung:
das Thema und seine Bedeutung
Verwendung von M 3a

Mit der Macht der Sprache und damit, wie man diese erkennt und wie man sich vor deren Missbrauch schützen kann, hat sich unser Deutschkurs im Rahmen der Projektwoche zum Themenkomplex „Manipulierbarkeit: Wie und wodurch lassen sich Menschen von anderen beeinflussen?“ beschäftigt. Im Folgenden informieren wir über das Konzept des „Framings“.

Erklärung des Schreibauftrags

Der Begriff „Frame“ stammt aus dem Englischen und heißt so viel wie „Rahmen“. Diese Bedeutung fließt in den Fachbegriff des „Framings“ ein. Darunter versteht man, dass ein Wort beim Rezipienten ein Frame aktiviert. Das ist ein **assoziativer Deutungsrahmen**, der auf **Erfahrungen mit der Welt** beruht und fest im Gehirn verankert ist. Diese Frames helfen dem Menschen dabei, **das Gesagte einzuordnen und Entscheidungen zu treffen**. Es gibt also kein absolutes und vom Frame unabhängiges Verständnis eines Begriffs, sondern es wird immer zugleich ein **Subtext** mit aufgerufen, der auf einer tieferen Bedeutungsebene angesiedelt ist.

Hauptteil:

Erklärungen zum Begriff „Framing“

Verwendung von M 2, M 3a und b, M 4

Besonders **Werbung und Marketing** machen sich die Frames zunutze und verwenden beispielsweise **Euphemismen**. Das sind beschönigende Formulierungen, um die Käufer oder Kunden zum Kauf oder Vertragsabschluss zu bewegen. Ganz aktuell ist die Diskussion um Glyphosat – ist es ein **Pflanzen- und Insektengift** oder ein **Pflanzenschutzmittel**? Natürlich verwendet der Hersteller lieber den euphemistischen letzteren Begriff, weil er das Frame aufruft, dass die Natur schützenswert ist. Gleichzeitig wird eine „Lösung“ oder **Handlungsoption mit angeboten:** Das Mittel muss eingesetzt werden, damit der Schutz gewährleistet ist.

Beispiele für die Beeinflussung durch Frames

Verwendung von M 3c, M 4

Auf diese Weise aktiviert also die Verwendung von Begriffen eine sehr **unterschiedliche Sicht** auf den jeweiligen Sachverhalt. Durch das Hervorrufen **positiver oder negativer Emotionen** wird **die Meinung oder Entscheidung** des Adressaten beeinflusst.

Sehr deutlich wird dies auch in der öffentlichen **politischen Diskussion**. Gerade hier werden die Frames zur gezielten Beeinflussung der Wählerinnen und Wähler genutzt. Es besteht die **Gefahr der Instrumentalisierung bis hin zur gezielten Propaganda**, wie die Sprachverwendung im Zusammenhang mit **Flucht und Migration** zeigt. So sprechen manche Politikerinnen und Politiker von „Flüchtlingsschwemme“, „-flut“ oder „-strom“. Diese Begriffe rufen negative Frames auf. Man sieht die **geflüch-**

Verwendung von M 1, M 2, M 3a – c

teten Menschen als eine Form von zerstörerischer Naturgewalt an. Auch hier liegt die mitgedachte „Lösung“ nah: eine Abschottung beziehungsweise Begrenzung der Zuwanderung. Umso wichtiger erscheint es, dass im öffentlichen Sprachgebrauch, sei es in den sozialen Netzwerken oder in den Informationsmedien, auf **eine bewusste, nicht manipulative Sprachverwendung geachtet** wird.

Schutz vor Manipulation

Verwendung von M 3b und M 4, Erläuterung eigenen Wissens

Das bedeutet, dass jede und jeder das eigene und beobachtete Sprachverhalten kritisch in den Blick nehmen muss. Sicherlich hat jeder Mensch schon einmal im Gespräch einen Sachverhalt geschönt, um selber besser dazustehen. Dies ist ein universelles Phänomen und bleibt meist folgenlos. Aber man sollte seine **Formulierungen sehr bewusst wählen**, wenn sie beispielsweise aktuelle politische oder gesellschaftliche Diskurse betreffen. Hier hilft **kritisches Nachdenken** über häufig gebrauchte Schlagwörter, besonders zu **Reizthemen**, um ein Gespür dafür zu entwickeln, welche Frames in manipulativer Absicht aufgerufen werden. Wenn man sich der hinter den aktivierten Frames verborgenen **Intentionen und Wirkungsweisen bewusst wird**, ist ein erster Schritt getan, um sich **vor gezielter Meinungsmache zu schützen**. Man entwickelt ein Gespür für die sich in den Begriffen manifestierenden Haltungen, lernt, diese einzuordnen und eine eigene, reflektierte Position einzunehmen.

Erläuterung eigenen Wissens

Diese Haltungsfrage spielt in besonderer Weise eine Rolle bei der **Political Correctness**. Sie besagt, dass niemand – auch nicht sprachlich – aufgrund von Religion, Hautfarbe, Geschlecht u. Ä. diskriminiert werden darf. Ihre Verfechter beschäftigen sich demzufolge mit der **Aufdeckung und Vermeidung diskriminierenden Handelns und Sprechens**. Sie sind der Ansicht, dass ein Begriff wie „Mohrenkopf“ herabwürdigend sei, weil „der **Mohr“ ein kolonialistisch besetzter Begriff** sei und eine Reduzierung auf die Hautfarbe erfolge. Man sieht vor seinem inneren Auge den „unzivilisierten Wilden“. Die dem Begriff innewohnende Abwertung wird durch dessen Gebrauch erneut hervorgerufen. Die Diskriminierung erfolgt durch die Aktivierung bestimmter Frames. Wenn man sich dessen bewusst wird, so **sucht man nach einer unverdächtigen Alternative** wie dem „Schokokuss“.

Die Bewusstmachung der Frames hilft im Alltag auch, **nicht auf Werbeversprechen hereinzufallen**. Wirbt ein Hersteller für Badezusätze mit dem Slogan „Für Ihr Home-Spa“, so hört sich das viel besser an als „Für Ihre Badewanne“. Der Begriff „Home-Spa“ weckt Assoziationen an eine paradiesische Urlaubsanlage mit Wellnessbereich. Man ist eher dazu geneigt, diesen Badezusatz zu kaufen. Aber der Einsatz des gesunden Menschenverstands ist auch hier angezeigt. Es ist und bleibt die Badewanne in der eigenen Wohnung, egal welchen Badezusatz man hineingibt.

Schluss: abwägende Begründung für „Frame-Checking“

Verwendung von M 1, M 3a und b, M 4

Wenn man also „checkt“, welche Frames angesteuert werden, so kann man das manipulative Potenzial von Begriffen erkennen. Für das **Frame-Checking** können folgende Analyse-Aspekte hilfreich sein. Man achtet zunächst darauf, wer einen Begriff verwendet. Dann überlegt man, was dieser Begriff im Hinblick auf das Geäußerte nahelegt und wie er die Wahrnehmung steuert. Zuletzt schaut man, ob es nicht einen passenderen Begriff gibt. Diese Anregung findet man in der Süddeutschen Zeitung, die 2018 die Serie „Framing-Check“ veröffentlicht hat, in der politische oder gesellschaftliche Begriffe unter die Lupe genommen wurden. Auch die Medienakademie von ARD und ZDF bietet „Frame-Checking-Seminare“ an, um die Journalistinnen und Journalisten **für den sensiblen Umgang mit Sprache zu schulen**. Nun könnte man die Frage stellen, ob es wirklich notwendig ist, dass Personen, die sich öffentlich äußern, in Sachen Frame-Checking geschult werden. **Oft reicht ja schon ein kritischer Blick**, um Werbetricks, Euphemismen oder Schmeicheleien zu durchschauen. Auch die rigorose Durchsetzung von Political Correctness hat zu großem Unverständnis geführt und die **Spaltung der Gesellschaft eher noch befördert** als aufgehoben. Viele Menschen lehnen die Gendersternchen als sinnlose Schreibweise ab oder möchten auch den Begriff „Negerkönig“ in Astrid Lindgrens „Pipi Langstrumpf“ behalten. Andererseits ist die **Wirkung von Sprache gewaltig**. Sie kann **verletzen, instrumentalisieren und manipulieren**. Der Schriftsteller Tucholsky bezeichnet sie gar als „Waffe“. Insofern haben z. B. Journalistinnen und Journalisten **die Pflicht, sehr sorgsam mit ihr umzugehen**. Das muss man lernen und dabei kann das Frame-Checking ein wirksames Instrument darstellen – übrigens auch für all die Menschen, die sich gedankenlos oder verletzend in den sozialen Netzwerken äußern. Hier könnte ein Frame-Checking die Diskussionskultur deutlich verbessern.

Teilleistungen – Kriterien

a) Inhaltliche Leistung

	Anforderungen **Die Schülerin/der Schüler …**	max. erreichbare Punktzahl
1	formuliert eine Einleitung mit Bezug zu Thema, Anlass und Schreibauftrag: Projektwochenbeitrag des Deutschkurses zur Frage: „Kann der Mensch durch Framing manipuliert werden?“	2
2	stellt das Thema vor und zeigt seine Bedeutsamkeit auf, z. B.: • Worterklärung zum Begriff „Frame“ (M 2, M 3 a, M 4), • Verhältnis von Frame und Subtext (M 2, M 3 a).	3
3	zeigt die Wirkungsweise des Framings auf, z. B.: • Vorhandensein eines individuellen assoziativen Deutungsrahmens, resultierend aus Erfahrungen mit der Welt (M 2, M 3 a, M 4), • Existenz einer tieferen, über die Wortbedeutung hinausreichenden Bedeutungsebene (M 2, M 3 a, M 3 b), • Steuerung des Verständnisses durch diese zusätzliche Ebene (M 2, M 3 b, M 3 c), • hierdurch Möglichkeit, eine Äußerung einzuordnen und ggf. eigene Entscheidungen zu treffen (M 2, M 3 b, M 4).	6
4	führt Beispiele an für die Beeinflussung des Menschen durch Frames, z. B.: • Werbe- und Marketingstrategien auf Basis der Wirkung von Sprache, v. a. Verwendung von Euphemismen (M 4), • Meinungsbildung und Stimmungsmache in gesellschaftlich-politischen Zusammenhängen wie dem Themenkomplex „Flucht und Migration“ (M 1, M 2, M 3 a, M 3 c), • Gefahr der politischen Manipulation durch Frames und Propaganda (M 2, M 3 a – c), • Framing-Gefahr in den Medien (M 3 b, M 4).	9

5	zeigt Möglichkeiten auf, wie sich Menschen gegen Beeinflussungen durch Frames wappnen können, z. B.: • kritische Reflexion eigener Sprachverwendung, u. a. im Hinblick auf das Gebot der Political Correctness (M 1, M 2, M 3 a – c), • Framing bei anderen enttarnen und angemessen darauf reagieren, ggf. durch den Hinweis auf alternative Formulierungsmöglichkeiten (M 2, M 3 b, M 4), • Aufdecken von Haltungen, die sich in der öffentlichen Diskussion (Talkshows, Debatten u. a.) hinter bestimmten Frames verbergen (M 2, M 3 b), • Enttarnung des manipulativen Potenzials von Werbestrategien, die zu unkritischem Kaufverhalten verleiten können (M 4).	9
6	stellt Pro- und Kontra-Argumente bzgl. eines „Frame-Checking“ von Journalisten u. a. gegenüber, z. B.: PRO • das stark manipulative Potenzial von Frames (M 3 c), • Anregungen der Süddeutschen Zeitung 2018 (M 3 a) und der ARD / ZDF-Medienakademie 2019 (M 3 b), den sensiblen Umgang mit Sprache zu schulen, • Wirkmöglichkeiten von Sprache, die bis zu seelischen Verletzungen reichen können (M 1), • Verbesserung der allgemeinen Diskussionskultur, z. B. in den sozialen Netzwerken; KONTRA • vorhandene Grundkompetenz geschulter Leser und Zuhörer (M 2, M 4), • Widerstände breiter Gesellschaftsschichten gegen rigoroses und übertriebenes Durchsetzen von Political Correctness (M 1), • Angst vor politisch motivierter Reglementierung (M 1).	6
7	integriert zum Thema gehörende Kenntnisse aus dem Unterricht (v. a. aus den Inhaltsfeldern 1 und 2 des KLP Sek. II Deutsch), z. B.: • rhetorische Stilmittel und deren Wirkung, • verschiedene Strategien der Leser- und Hörerbeeinflussung, • Diskussion über normierende Regelungen im öffentlichen Sprachgebrauch.	4

8	nutzt insgesamt die Materialien funktional zur Erfüllung des Schreibauftrags durch: • effizientes Rückgreifen auf das gesamte Informationsangebot, • sinnvolle Zuordnung von Materialien zu den Gliederungspunkten, • Konzentration auf Wesentliches und Vermeidung unnötiger Redundanzen, • sachliche und auftragsbezogene Verarbeitung der Materialien.	6
	erfüllt ein weiteres aufgabenbezogenes Kriterium (max. 3 Punkte).	
	Summe inhaltliche Leistung	**45**

b) **Darstellungsleistung**

	Anforderungen **Die Schülerin/der Schüler ...**	max. erreichbare Punktzahl
1	strukturiert den eigenen Text schlüssig, gedanklich klar und auftragsbezogen.	2
2	formuliert unter Beachtung des Adressatenbezugs sowie der fachsprachlichen und fachmethodischen Anforderungen: • sinnvolle Anteile von informierenden und erklärenden Textpassagen, • Beachtung der Tempora, • korrekte Redewiedergabe (Modalität).	2
3	nimmt in ihren/seinen Aussagen sachgerecht und für die geforderte Textsorte angemessen Bezug auf die Ausgangsmaterialien.	1
4	formuliert eigenständig, allgemeinsprachlich präzise und stilistisch angemessen.	2
5	schreibt sprachlich richtig und formal korrekt.	8
	Summe Darstellungsleistung	**15**

NRW – Zentrale Klausur am Ende der Einführungsphase der gymnasialen Oberstufe – Prüfungsaufgabe 2022

Um Ihnen die Lösung zur Prüfung 2022 schnellstmöglich zur Verfügung stellen zu können, bringen wir sie in digitaler Form heraus.

Sobald die Original-Prüfungsaufgabe 2022 freigegeben ist, kann die dazugehörige Lösung als PDF auf der Plattform **MyStark** heruntergeladen werden (Zugangscode vgl. Umschlagrückseite vorne im Buch).

Prüfung 2022

www.stark-verlag.de/mystark

PRÜFUNGS-
ANGST

STOPP DIE PANIK

Mit der Fußsohlen-Methode

Prüfungen können Angst- und Fluchtsituationen sein. Dein Körper schüttet Adrenalin aus und dämpft das Gefühl in den Füßen. Z. B. beim Weglaufen ist es gut, wenn man die Füße nicht spürt. Eine Prüfung ist aber **keine Gefahrensituation**. Signalisiere deinem Körper, dass du nicht weglaufen musst, und bring das Gefühl in deine Füße zurück:

Dein Körper **fühlt** die Füße wieder und denkt, er sei in keiner Panik-Situation, sondern in **Sicherheit**.

www.stark-verlag.de STARK

Eure Lern**tipps** aus der Insta-Community

Chiara, 16

Verwendet Farben zum Lernen! Es wird viel übersichtlicher. Und wenn man den Lernzettel anschaut, ist man viel motivierter beim Lernen, weil er schön bunt ist.

Özgür, 20

Vergiss nicht, wie weit du bisher gekommen bist, und wie viel Potenzial in dir steckt.

Miriam, 18

Bewusst eine Auszeit zu nehmen ist effektiver, als alles nur aufzuschieben.

Mehr Lerntipps findet ihr in unserer Instagram-Community: **@stark_verlag**

STARK

www.stark-verlag.de